定年後の断捨離
モノを減らして、愉快に生きる
やましたひでこ
JN191959
大和書房

「定年後の断捨離」へようこそ。
これは「終活」の本ではありません。
定年後、「どうよりよく生きていくか」がテーマの本です。

そのために私たちがすべきことは、
「日常の生活空間」をメンテナンスすること。
これを私は、断捨離と名づけました。

断……モノを断つ
捨……ガラクタを捨てる
離……執着から離れる

断捨離は、モノだけにとどまりません。
生活空間そのものである家や居住する地域、
さらに人間関係や世間の目に至るまで、

あらゆる「縛り」を解放すること。
すると、人生に新陳代謝が生まれ、
思いもよらなかった変化が訪れます。

「定年後の断捨離」をすると、こんな変化があります。

- 心がスッキリし、身体が軽くなる
- 健康で安全な空間が手に入る
- 家事がラクになる
- ひとりの時間が愉しくなる
- 家族や友人とのコミュニケーションが愉しくなる
- やる気が生まれ、人生が愉快になる

さあ、あなたも「定年後の断捨離」の一歩を
ご一緒に踏み出してみませんか。

はじめに——モノが減ると、なぜ「愉快」になるのか

ごきげんさまです。断捨離のやましたひでこです。

齢(よわい)64歳。会社勤めではない私に、定年はありません。『新・片づけ術　断捨離』（マガジンハウス）を上梓して、主婦だった私の人生が転がり始めたのが55歳のとき。超スロースターターですが、これから20年、いや30年、断捨離の底知れぬパワーをもっとみなさんと共有すべく飛びまわっていくつもりです。

そして、夫は70歳。事業を営んでいましたが、65歳で引退。その後は、地元の気心の知れた仲間たちと毎晩のように集い、思い出話に花を咲かせる日々。

その生活は楽しそうではありますが、どこか釈然としないものを私は感じていました。なぜなら、彼らの話には「未来」がなかったからです。もっといえば「今」もない。ひたすら目線は「過去」なのです。

これは、断捨離の仕事をしながら、常々感じていたことです。

「今」必要としなくなった「過去」のモノに囲まれて、「未来」を描けなくなっている人たちのなんと多いことか。

人生80年、いや100年時代といわれます。「100年生きられる」と聞いて、希望や喜びを感じられる人はどのくらいいるでしょうか。

2人にひとりはガン、年金制度は破綻寸前、独居老人の増加や孤独死——。私たちは日々、こんな情報にさらされています。「100歳まで生きられる」ことを喜ぶよりも先に、健康不安、経済的不安、人間関係の不安を感じる人のほうが多いのでは?

私たちはいつ死ぬのかわかりません。ということは逆に、死ぬまでは生きていくということ。大事なのは、終活として人生をどう終わらせていくかではなく、どうよりよく生きていくかです。

これからの20年、30年、40年をどう生きていくか。

そのためにすべきことは、私たちの「生きている空間」を検討することにほかなりません。その空間は今現在、どんな状況にありますか。

断捨離とは、暮らしと心のメンテナンス

断捨離とは、日常の生活空間を健やかに整えていこうとする小さな営みです。つまり、メンテナンスです。ケアとも言い替えられますね。これまで仕事や家事や子育てに忙しく、身のまわりのメンテナンスをする余裕がなかった人も多いでしょう。

無意識・無自覚のまま、漠然とモノを抱えこんでしまっている人、あるいはモノが多いことを意識し自覚していながら、身動きがとれなくなっている人もいます。

いずれにせよ、たまりにたまったモノたちが、私たちの暮らしや生き方、考え方、さらには健康にかかわる大きな要素になっているとしたら、深刻な問題ですよね。

ぜひ「定年」という人生の大きな節目に今一度じっくり点検し、たまっているおりをきれいに断捨離してください。

断捨離とは、人生のなかの「不要・不適・不快」を捨て、手放していくプロセス。

断捨離とは、人生のなかに「要・適・快」を招き入れるプロセス。

私の役割は、断捨離をツールとしてそのプロセスを味わってもらい、人生の新陳代謝を促すことです。

本書では、生活空間におけるモノを1つひとつ点検し、これから先の人生を共にしたいモノを選び抜いていきます。そのうえで、生活空間そのものである家について、それを取り囲む土地や地域について、さらに人間関係について、「要・適・快」「不要・不適・不快」を問いかけていきます。

これらの作業には、私たちが今まで「常識」と思いこんでいた事柄から脱する必要が出てくるでしょう。こうした価値観の転換、つまり「縛り」「執着」「思いこみ」の断捨離をテーマにした本でもあります。

ちなみに、私たち夫婦は、40年間暮らした石川県小松市から沖縄県那覇市へ移住する選択をしました。先に挙げた家と地域と人間関係を断捨離した選択ともいえますが、そんな移住の経緯についても第5章で触れています。

「定年」は、家族や仕事に変化をもたらす人生の大転換期。だからこそ、女性にとっても男性にとっても人生後半のステージが、身軽で心浮き立つ「愉快」なものとなりますように。さあ、ご一緒に、断捨離を始めましょう。

もくじ

定年後の断捨離

モノを減らして、愉快に生きる

第1章 定年前から始める断捨離
——人生は「これだけ」で生きられる

第2章 何をどう捨てるか
——「衣・食・住」の空間をスッキリさせる

「住空間」の断捨離チェックシート　82

「衣空間」の断捨離チェックシート　122

第3章 「家」をダウンサイジングしよう

――夫婦ふたり暮らしに
大きな家はいらない

第4章 夫婦の定年

――「主婦を卒業します！」
宣言しよう

第5章
移住のススメ
——「さあ定年だ。どこに住もう？」もアリ

序章

「これまでの常識」を断捨離する

——定年後を愉快に生きる5か条

ここから人生が始まる

「やましたさん、私たちは荷物とともに生きるのですね」

これは、ある大手住宅メーカーの事業推進室のメンバーの言葉です。この住宅メーカーは、住宅の販売だけでなく、街づくりも担ってきたディベロッパー。彼は仕事を通して、また自分と重ね合わせるようにして、多くの家と街と人生の変遷を見てきたのでしょう。

私も断捨離の仕事を通して、さまざまな「定年後の暮らし」「定年後の人生」を見てきましたが、大きく2つの道に分かれることがわかりました。

1つは、定年後、長い人生でためこまれていくモノたちのなかで、だんだんと身動きがとれなくなっていく人生。

もう1つは、定年後、モノから解き放たれて軽やかになっていく人生。

そう、どちらの人生を選ぶかは、私たち次第です。

次に挙げる5か条は、「自分が心から望む人生」を生きるための法則です。

世間の目や思いこみなど、知らずしらず私たちを縛っている「足かせ」を、1つひとつとり払っていきましょう。

定年後を愉快に生きる5か条

1. とにかくモノを減らす
2. 主婦を「定年」する
3. 家と土地に縛られない
4. 新しい友達をつくる
5. 「そこそこ人生」を断捨離する

1 とにかくモノを減らす

抱えこんだ荷物を今、下ろそう

現在、50代以上の人たちは、高度経済成長期からバブルが弾ける1990年代にかけて、「たくさん持つのがいいことだ」という価値観を植えつけられてしまったところがあります。

モノに対する欲求をはじめ、地位、名誉といった社会的な欲求についても同じ。あらゆるものを手に入れるのが幸せになることだと考えていました。そして今、その頃にためこんだモノが重荷となっている人が少なくありません。

私が断捨離という引き算の解決法を提案したとき、いちばん多かった反応は、「捨てていいんですね！」でした。

みな、捨ててはいけないと思いこんでいたのです。「もったいない」という思いにとらわれて、全部抱えこんでいたのです。今ようやく捨てること、手放すことの方向に少しずつ動き始めました。

生きるために必要なモノは、それほど多くありません。基本的に、人は目の前にあるモ

「景色」も愉しめる

軽やかに走るために、「未来への不安」も「過去への執着」も持ちません。

ノしか使えないからです。バッグを10個持っていたとしても、「今」という時間に焦点を合わせたら、1個しか持つことはできません。そのときそのとき、その場で活用するなら、本当に1個でいいのです。

モノは状況に応じて、流れていくもの。今、これを手放しても、また目の前に新たなモノ、必要なモノが流れてくるという信頼感があれば、少ないモノで満足できます。

人生の「身軽なランナー」になろう

たとえば、真夏の炎天下でフルマラソンに挑戦するとします。ゴールにたどり着くまでに飲料水が足りなくなるのではないかと心配し、リュックサックに何十本ものペットボトルを入れて走っていたら、それこそ重くて大変です。一方、コースの途中にある給水ポイントで水を飲めるという安心感と信頼感があれば、余計な重荷を背負わなくても済みます。

そのときその場で必要な水だけ飲んで、身軽に走ることができるのです。

「所有」にこだわると、過去や未来のぶんまで抱えこんで、「今」が重くなってしまいます。身軽なランナーと、多くのモノを抱えこんだランナー、その疲労と消耗の度合いに差が出るのは明らかですね。

人生には、そのときどきにかつがなくてはならないモノがあります。だから、そのとき、その場で、下ろせるモノは下ろしていきたい。それが、断捨離です。

未来への不安や過去の栄光（経歴・実績）にとらわれていると、今の自分に何が必要なのかわからなくなり、モノを捨てられなくなってしまいます。逆にいうと、今、自分に何が必要なのかがわかれば、余計なモノを手放すことができるのです。

2

主婦を「定年」する

「主婦を定年退職します!」宣言

定年退職して、ようやく家でゆっくりくつろげる。趣味に打ちこめる。夫婦ふたりで旅行にでも出ようか——。そんな平和で愉しげな光景を思い描いているのは、夫ばかりかもしれません。

妻のほうは、「ずっと家にいられたら、夫の世話が増えるばかり……」と内心ため息をついている人は少なくないはず。妻と夫の間には、長年の家事に対する温度差が横たわっているのです。妻は夫が家事を手伝ってくれないと思い、夫はそれなりに負担していると思っています。

家事は、同じ空間、同じ時間を長い間共有する運命にある夫婦に、大きな影響をもたらします。結婚当初は愛しい存在だったお互いが、やがて不平不満の対象となり、挙句の果てて、熟年離婚を考えるまでになっているのです。

ところで、この生きていくために必須の家事というものを、面倒でむなしいものにおとしめてしまう理由はなんでしょう。

それは、言うまでもなく「積んでは崩し」の繰り返しだからです。

懸命につくった食事のあとは、たちまち汚れた食器がシンクにたまります。食器を洗い終わっても、次の食事づくりがすぐまたやってくる。洗濯ものも、洗ってたたんで片づけても、また翌日には山となっている。散らかった部屋を片づけても、すぐまた散らかる。毎度、「元の木阿弥」の家事を、生産性のない徒労感あふれるものとみなしてしまうのは無理もないでしょう。その家事をよりつらくしているのは「やらされ感」、つまり「私ばっかり……」という意識ではないでしょうか。

よい主婦、よい妻、よい母でありつづけようと、周囲からの要求にがんばってこたえてきた女性たちは数多くいます。彼女たちは、本来の自分、女性である自分を封じこめ、知らずしらずに自分に制限をかけてきています。

そんな命の欲求と、懸命に社会的な役割を担っていこうという意識の不調和は、やがて心や身体に影を落としていきます。ぜひ本来の女性である自分を解放してあげてください。

定年後の家事は、自分のための家事

テレビ番組の断捨離企画で訪れたお宅は、「いい夫婦だなあ」と思わず心が和むご夫婦でした。夫は前年に商社を定年退職し、妻は長年専業主婦をしていました。

結婚した当初、妻はお姑さんに、「息子の言うことはすべて聞きなさい」と告げられたそうです。以来、それを忠実に守ってきました。

そして、夫が定年を迎えたとき、彼女はこう宣言したのです。

「私は、あなたのお母さんに言われたことをずっと守ってきました。でもあなたは定年退職したから、私も主婦という役割を定年退職します」

夫はひと言、「わかった」と返事をし、それからは一生懸命家事をするようになったそうです。

こういうやりとりができるのは、やはりいい夫婦だと思いました。いろいろな苦労もあったでしょうが、お互いが信頼関係を築いてきたことが垣間見えました。

家事は、誰がするという決まりはありません。

夫が働きに出ている場合、役割分担として妻が家事を担う家庭が多いことは事実でしょう。それならば、夫婦共働きの場合、あるいは夫婦共に家にいる場合、どちらか片方に負担がかからないようにしたいものです。

3 家と土地に縛られない

家と土地に縛られて、人生を重くしていませんか

昔は持ち家がすべて、家を持ってこそ一人前、という感覚がありました。ところが今は、家じたいが「大きなお荷物」になっている時代に入っています。

この時代、家をどうするかということは、どう生きていくかということ。

大きな家のために自分の人生が重くなってしまっては切ないですからね。たいてい家は一生ものという感覚で、自分が建てた家というものに執着があるため、家族が減ったあともそこを離れられません。

私が長く住んだ石川県小松市は、ご多分にもれず、住民は高齢化し、独居率のとても高いところです。その多くが、ひとりでは持て余す大きさの一軒家に住み、長年ためこまれたモノたちの中で埋もれるように暮らしています。

モノが堆積していくことに対してもたいてい無自覚です。なんとかしようと思っていないことも多く、たとえなんとかしようとしても身動きがとれません。そう、モノに占居(せんきょ)されて動く気すら起こらないのですね。

広すぎる家は、手入れが行き届きません。ましてや広い庭があったら、季節ごとの草木の手入れも大変です。

また、広い家に住んでいると、モノを捨てなくても済むと思いこみ、どんどん家の中にためこんでいきます。すると、モノの代謝が悪くなり、家は荒れてくるのです。

「子どもが巣立ったから、これを機にキレイにしよう」

と心に決めても、使わない部屋の掃除は後まわしにしがち。やがて掃除は生活する範囲内でいいやとあきらめ、開かずの間をつくっていく。開かずの間にはさらにモノが押しこまれ、ゴミ置き場化していく――。これは、田舎の大きな家に限りません。都会に住んでいても、狭いマンションの一室がゴミ置き場化している例はよくあります。

「コンパクトな家」が暮らしやすい

本来、家も「器」ですから、中身が小さくなったら、器を替えていいのです。「家という器を替える」という発想が日本人にはありません。

アメリカは中古住宅にも価値があります。自分たちでメンテナンスし、自分たち仕様に仕上げていく。そして、売るときは少しでも高く売ろうとする。家を替え、住む場所を替えることにフットワークが軽いのです。

日本は新築以外に価値はなく、中古住宅を売ろうとしても二束三文になってしまいます。これが悲劇の始まりで、お年寄りが持て余すような大きすぎる家に住んでいます。そして、モノも持て余してためこみ、空間も持て余しています。大きすぎる家は光熱費もかかり、メンテナンスも難しいからです。

さらには、誰も住んでいない家、たとえば、親が亡くなって空き家になった家を手放さず持っている人もいます。

田舎の大きな庭のある一戸建ての場合、ときどき草取り、風通しをして、ただ維持しているのです。なんのためにしているのか本人もわかっていません。

かといって家じたいに価値はなく、売ることもできません。売ろうとすると家族・親戚に何か言われるのではないかと問題を先送りにしているのです。

主役は家でしょうか？　自分でしょうか？　今一度、考えてみる必要があります。

4

新しい友達をつくる

「いつも同じ登場人物」ではつまらない

いつも同じ相手と一緒にごはんを食べて、会話をして、テレビを見て……という生活は、平和で心穏やかだといえるでしょう。これを安定的刺激と呼ぶこともできますが、私に言わせれば、なんの進化もない、すなわち退化ということ。

今、この空間にあるものといえば「人」と「モノ」です。一緒にいる人も空間にある「気」のうちと考えると、そこには新陳代謝が必要です。組織もそうですよね。同じ幹部でがっちりメンバーが固定されていたら、まちがいなくその組織は退化します。

人の人生を1つのステージととらえたら、いつも登場人物が同じということはありえません。この場面では夫が登場するけれど、別の場面ではボーイフレンドが登場してもいいのです。

こういう話をすると、顔をしかめる男性もいるかもしれませんが、ご自身はどうでしょうか。仕事や趣味で出会った女性と食事するとき、「やましい気持ちがないから問題ないんだ」と言い張りますが、妻が同じことをすると「けしからん」と言ったりするわけです。

私も老若男女、いろんな友達がいます。そして、「今日のテーマ」によって登場人物は変わります。共通の会話を楽しむ人という財産といったらいいのでしょうか。こう考えると、自分も心地いいし、相手も心地いい。もし趣味の場に夫を連れてきたら、夫にとっても迷惑です。

編集者の女性もこんな話をしていました。

「仕事の話はわかっている人としないと。1から説明するのが面倒だし、イヤなことを話して追体験するのも気分が悪いので、夫には話しません」と。

趣味の話は趣味の場の人と。仕事の話は仕事場の人と。洋服を着替えるように、会う人も変える。いつも普段着ばかりではなく、時にはドレスも着たいですからね。

相手を気持ちよく送り出す、そんな自分であること

世の中には、夫婦だから何もかも話す、家族だからすべてを共有するという考え方もあります。しかし人は、それぞれ秘密を抱えて生きているものです。それがお墓まで持って行くような秘密なのか、一定期間黙っている程度の秘密なのかはともかくとして。人生はいろいろあってしかるべきなのに、それをことさら明らかにする必要はないのです。

ある受講生さんのお父さんは、社交的なタイプ。バリバリの仕事人間でしたが、定年退職後は友人とあちらこちらへ出かけていきます。それについてお母さんは、「お父さんは自分ばかり遊んで、私を映画に連れて行ってもくれない」とグチるそうです。

もし映画が観たければ、ひとりで観に行ってもいいですし、一緒に観に行きたければ、お母さんから誘ってもいいわけです。

相手に依存してしまったら、本人が苦しくなるだけ。お母さんにも手芸などの趣味があり、それに対してお父さんがとやかく言うことはないようですから。

人生の後半戦、好きなことをして、好きな人と会いましょうよ。本当は恋愛もめいっぱいしたらいいと思いますが、恋愛となると面倒なこともいろいろあるでしょうから、その一歩手前あたりを愉しむのもいいでしょう。

人生のいろいろな「場面」を共有できる、いい男友達、いい女友達をつくる。

そのためにも、夫婦お互いに、「どうぞ、どうぞ」と相手を送り出せるような自分であることが大切です。「あなたばかり好き勝手して！」と思うと、夫婦関係がおかしくなるのです。

5 「そこそこ人生」を断捨離する

定年後こそ、世間の目に縛られない

私たち定年世代の多くは、地域の目、会社の目、親戚の目など、世間の目を意識して生きてきました。

「ちゃんと生きる」ことに重きが置かれ、自分が本当にやりたいことは後まわし。「いい妻である」「いい夫である」「いい親である」「いい職業人である」、さらには「いいおばあちゃん」「いいおじいちゃん」として体裁を保ってきました。そうありたい気持ちもわかりますが、もし無理をして「役割」を演じているとしたら、もう十分にがんばった自分を認めてあげてもいいのでは。

定年を機に、「役割」を卒業しませんか。もっと自分のやりたいことにフォーカスした、自分の人生を生きるために。

そこで、私の提案は、「もっと羽目を外しましょう」ということです。つまり、「もっと自由に好きに生きましょうよ」ということ。「羽目」を広辞苑で引くと、羽目＝板張の形。下見のように羽重ねにせず平らに張ったもの。

＝（破目とも書く）境遇。多く困った場合を意味する。

例）苦しい羽目に陥る。羽目を外す。


「羽目を外す」というのは、自分の心に従って生きることです。つまり、私たちが知らずに縛られている「こうあるべき」「ねばならない」という考えをとり払うこと。

そのためにすることとは、断捨離です。モノと向き合い、自分の思考と向き合い、どんどんモノを手放していくことで、思考が自由になります。

そう、モノを減らすと、人生が愉快になるのです。

私の人生が一変したのは55歳から

断捨離のベースとなったヨガの行動哲学「断行・捨行・離行」との出会いは、20代のとき。そこから時間をかけてモノとの関係へと落としこんでいきましたが、30代、40代の頃はそれを外部へ発信してはいませんでした。

結婚以来、夫が営む事業で経理を手伝っていましたが、「私は別にやりたいことがある。でも仕事しなければ家計が回っていかない」と相反する思いにがんじがらめになっていました。

そんな30代、40代は、夫の両親との同居問題をはじめ、身内の死や介護、さらに更年期障害も加わって、とにかく消耗した時期。本来、女性がいちばん美しい時期であるはずですが、女性としての人生を愉しめない出来事が次々に襲って来たのです。

夫の事業が軌道に乗り、経理担当の従業員が雇えるようになったのは、子どもが大学に入ってから。そこでようやく自由になり、「好きなことをさせていただきます」と宣言しました。ちょうど50歳でした。

その頃、ヨガの講師をしながら、断捨離セミナーを始めます。生徒さんは5～6人、自宅のダイニングテーブルでこぢんまりと活動していました。

そんな状況が一変したのは、『新・片づけ術 断捨離』（マガジンハウス）を上梓した2009年、55歳のとき。

累計400万部のミリオンセラーになり、「断捨離」が日本全国、さらにはアジアやヨーロッパの各地へと広がっていき、現在に至ります。

超スロースターター、やましたひでこの人生はまだ始まったばかりです。

エイッと次のステージへ行く

私は、モノに執着するのはみっともないけれど、人生にはもっと欲ばりでありたいと常々思っています。

つくづく人間はおもしろいと思うのは、「こんなものかなあ」という思いと、「こんなはずじゃない」という思いが行ったり来たりすること。つまり、現状に満足する気持ちと、「まだまだ満足しないぞ」という気持ちが交錯します。

私たちはある選択を迫られたとき、「ほどほど」「そこそこ」を選んでしまうことがあります。「身の程を知る」「足るを知る」という言葉のように、「自分はこの程度でいい」と制限をかけてしまうのです。

「ほどほど」「そこそこ」というある種、安全地帯から次のゾーンに行くときは、やはり抵抗感や違和感がありますが、行けばそこに身体がなじんできます。

私はおよそ2年周期で「今いる場所」に違和感が湧いてきます。それが成長するということかもしれません。「足るを知る」は大事なことです。けれど、時に「えいっ」と次に踏み出すことも大事。

人生は一度きり。

あと100年は生きられません。「ゆっくり余生を送る」のも悪くありませんが、それだけで終わりたくないという人もいるでしょう。本書で「これまでの常識」をさっぱり断捨離し、新しい一歩を踏み出しましょう。

第１章

定年前から始める断捨離

——人生は「これだけ」で生きられる

なぜ、捨てられないのか

「お金の不安」があるから捨てられない

お金の話になると、私たちは思考がストップしてしまいます。特に定年を迎えると、「収入がない＝お金がない」と思うあまり、「お金をためよう、ためよう」としてしまいます。モノを捨てることは、あたかもお金が減ってしまうような錯覚に陥(おちい)ります。

「経済的に不安があるから、モノが捨てられない」と訴える人は、じつに多くいます。では果たして、モノを捨てずに抱えこんでいたら、経済的な豊かさにつながるのでしょうか。

必要のなくなったモノたち。使うこともなくなったモノたち。

私たちの多くは、それらを邪魔に思いながらも、なんとかしてとっておこうとするものです。使おうと思えば使えるモノだし、今は必要なくても、いつか使う機会がやってくるかもしれない。そんな可能性があることも確かです。

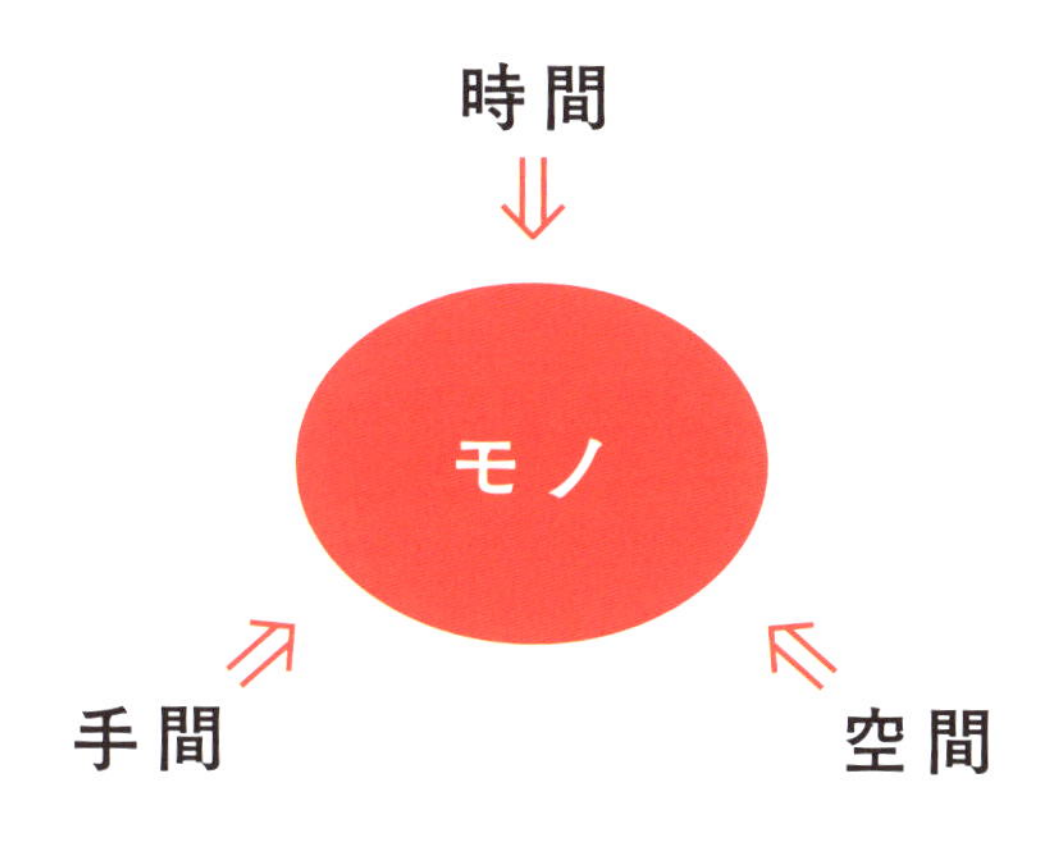

モノには空間と手間と時間がセットがついてくる。

もしかしたら、100年後に高く売れるかもしれない？

安くても、メルカリならすぐ売れるかもしれない？

つまり、なんらかの「商品価値」を見出そうとする心理が働きます。しかし、これは残念な思いちがいです。なぜなら、それらのモノたちは「不良在庫」だから。そして、不良在庫は事業経営を圧迫する大きな要因となります。

在庫管理には、そのための空間と手間（エネルギー）と時間が必要です。ネットで販売するとなれば、さらに出品や発送などの手間や時間がかかります。つまり、モノとは、それが必要なモノであれ、必要でなくなったモノであれ、そのモノがある限り、維持管理のコストが常にセットで存在するのです。

「感情コスト」を清算しよう

さらに言えば、モノを抱えこむことで発生する残念なコストはまだまだあります。

それらを目の前にして、散らかりにイライラをつのらせること。片づかないと悩むこと。部屋が狭いと嘆くこと。時間をモノにとられて振り回されること。そして、エネルギーを消耗して疲れをためてしまうこと。

さらに、空間を閉塞させ自分を息苦しくさせ、気持ちを鬱屈(うっくつ)させてしまうこともあります。

これらが、いかに精神的なコストを浪費しているかおわかりですね。

コストとは、金銭的なことに限ったものではない、と私たちは理解する必要があります。

繰り返し確認しておきましょう。

家の中の「いらなくなったモノ」「余計なモノ」たちは、「借金の山」と同じです。

家庭を経営していくにあたって、無用な借金を抱えるほど苦しいことはありませんよね。生活を営んでいくにあたって、無駄な借金はすみやかに清算する必要があります。人生を設計するにあたって、非生産的な無理な借金を組みこむ意味はありません。

もしも、「必要がなくなった余計なモノたち」を抱えこんだままでいるなら、そこには、ホコリという名の利子が積み重なっていくだけ。やがて気づかないうちに、住空間に淀んだエネルギーをじわじわと蔓延させていくことになるのです。

どうぞいらないモノは捨て、これ以上の損失、借金を出さないように。

なぜ、「収納」では片づかないのか

そもそも家にモノが多すぎる

このところ立て続けにお宅訪問をして、つくづく実感を深めていることがあります。

「収納術では片づかない！」

ということです。

どの依頼者さんも、決して片づけを放棄しているわけではありません。モノの収納を何度も試みては、そのはかばかしくない結果にがっかりしているか、うんざりしているか、その両方か。収納にこだわって建築設計し、大容量の収納スペースを確保したお宅でも状況は同じです。収納スペースが多いことに安心してモノは増えつづけ、気づけばモノはリビングへ和室へとあふれ出し、お客さんも呼べない有様になっていました。

ではなぜ、収納術では問題が解決しないのでしょうか。

それは、この2つの問題があるからです。

1. 片づけは、収納以前の問題であること。
2. 片づけは、収納以前の問題であることに、私たちが気づいていないこと。

つまり、収納家具、収納グッズ、収納アイテムを増やしてモノを収めようとしても、それ以上の収まりきらないモノを抱えこんでいる現実があります。そして、生活が進むにつれ、モノはさらに増えていきます。

収納用品もモノであり、それらが増えるほどに空間を圧迫し、住まいを息苦しくしていることに気がつきません。

その収まりきらないモノたちをなんとか収めようと躍起になり、収納テクニックを駆使することになります。創意工夫と称して、小さく折り畳んでみたり丸めてみたり、フックや突っ張り棒を持ち出してぶら下げてみたり。こんな小手先の、対症療法で間に合うほどのモノの量ではありません。

大量のモノを小さく畳む作業がいかに大変か。

大量のモノをそのつどいちいちきちんとしまうことが、どんなに面倒なことか。

よって、たいていの収納空間にはモノがみじめに突っこまれているという有様になるわけです。しかも、突っこまれたモノたちは忘れられていくだけのこと。

このように、「何がどこにどうあるか」もわからなくする収納は、片づけとはいえません。大量のモノを収めるだけで活用する機会を奪う収納は、片づけとはいえません。

私が断捨離指南をしたとある家族の夫は、こんな感想をもらしました。

「収納グッズを使わずに片づけるなんて、いったいどうやるのだろうと思っていましたが……。わが家のリビングが片づかなかった原因は、この収納棚のせいだったのですね！」

はい、そのとおり。片づけで1番にすることは、収納棚に収まっている不要なモノ、余計なモノを見極めて断捨離すること。そうすれば、リビングを占拠していたその収納棚も不要なモノだったと気づくのです。

この気づきこそが、片づけの根本療法「断捨離」です。

洗濯物は、「毎日少し」を浴室に干すスタイル

「そのつど家事」だから、洗濯は毎日。ハンガーに掛けて浴室乾燥し、乾いたらハンガーごと寝室のクローゼットに移動します。下着は洗面所の専用カゴへ。洗濯物をたたむ手間はありません。

捨てるための第一歩

断捨離のスタートは、現状認識から

今、身のまわりを見回してみてください。あなたの生活空間は、時間が止まったままになっていませんか？　ホコリをはらっていない置き物があったり、色あせた手作り作品が飾られていたりしませんか？

昔のモノがそのままの状態でそこにあるとしたら、それは腐っていないだけで、モノじたいは老いています。もちろん、古いモノでも気に入ってメンテナンスしているなら話は別ですが、たいていは何もしておらず、ただ放置しています。モノの量がメンテナンスできる量を圧倒的に超えているからです。

そんな老いたモノがたまっている空間は、まちがいなく淀んだ空間です。まず、老いたモノばかりの空間に自分がいることを自覚しましょう。そんな空間で、新しいことを始めようというポジティブな気持ちにはなれません。

残念なことに私は、スッキリとした住まいというものを見たことがありません。

私の仕事柄、片づけられない悩みを抱えている人がクライアントさんですから、それは当然といえば当然です。けれど、片づけに悩んでいる・悩んでいないにかかわらず、なんと多くの住空間が「混乱」や「停滞」の状況にあることでしょう。

住空間の「混乱」は、モノが「散らかっている」「片づいていない」という程度の言葉でしか表現されません。そこにあるモノたちが、自分たちの身体も気持ちも荒ませている要因になっていることに住人は気づいていないのです。

住空間の「停滞」は、一見、片づいたように見えるため、さらにやっかいです。ただモノが整頓されて収納されているにすぎず、じっとしているモノたちの必要性が問われることはなく、時間だけが経過しています。

リビングやダイニングがスッキリしていても、じつはクローゼットや押し入れ、子どもが独立した後の空き部屋に、使わなくなったモノを押しこめることで、かろうじて保っている場合もあります。

何より重症なのは、制御不能となった大量のモノたちが家じゅうの床にあふれ、壁際に積み上がったままの光景です。住人が、それらモノたちの隙間で暮らしている場面にもたびたび遭遇してきました。

「散らかり」は思考停止の始まり

不思議なことは、みなさん片づけの悩みを訴えるわりには、住空間の有り様に対する認識レベルが低いことです。

「この家には、そんなにたくさんのモノはないと思うのですが」

「私、けっこうモノを捨てているのですが」

と平気で口にするのです。モノのあふれと散らかりという「汚染」がジワジワと進行しているにもかかわらず、住人たちは無頓着です。

モノがたまればたまるほど、思考もたまります。

スッキリした空間のイメージが頭に浮かびにくくなります。考えようとしてもモノのイメージが邪魔するため、思考が止まってしまうのです。悪循環ですね。

そうなる前に、断捨離をしましょう。そうなってしまった人も、できるだけ早く断捨離をしましょう。断捨離をして初めて、自分たちが置かれている住空間の深刻さに気づくこ

俯瞰すると、見えてくる

断捨離の第１ステップは、俯瞰すること。ほら、問題点が見えてきた。

となるのです。

断捨離のスタートは、現状認識すること。つまり気づくこと。現状認識するためにまずすべきことは、空間を「俯瞰（ふかん）」することです。

俯瞰するためには、収納の中にあるモノをすべて引っぱり出して、テーブルなどの水平面に広げること。すると、いかに多くのモノを持っているか、いかに使っていないモノを抱えこんでいるかが見えてきます。

私たちは、現時点に満足していたら、何も行動を起こしません。甘い現状認識では、判断も行動も誤ります。

今の自分の生活に、何が過剰で、何が不足か。その見極めをすることが、これからの人生を創造することにつながります。

定年後は「見切る力」が必要

「要・適・快」センサーを磨こう

断捨離とは、モノから始める「見切る力」と行動のトレーニングです。先ほど、身軽なマラソンランナーの話をしましたが、「見切る」ために必要なのは、今の自分に必要かどうかを「見極める」こと、つまり「自分軸」を持つことです。もちろん、時間軸は常に「今」です。

「捨てるのはもったいない」と躊躇していたら、それはモノ軸です。「家族がなんて言うか……」と心配していたら、それは他人軸です。「いい人に見られたい」と思うことも、やはり他人軸ですね。

「自分軸」を持つには、この3つ「要・適・快」を心に問いかけます。

要……「今、私にとって必要か？」
適……「今、私にとってふさわしいか？」
快……「今、私にとって心地よいか？」

そのうえで、今の私にとって「不要・不適・不快」のモノを手放していくのです。

不要……まだ使えるが使うことはなく、なくても困らないモノ
不適……かつては大切だったが、今の自分には合わないモノ
不快……長年使っているが、どこかで違和感や不快感を感じているモノ

いかがでしょうか。
私自身、まだまだ「見切る力」が不足していることを自覚する出来事がありました。

「シウマイ弁当」を前にしてためらう

出張で新幹線を利用したとき、好物の「シウマイ弁当」を食べました。シウマイとごはんを交互に口に運びながら、このお弁当は今の私が食べきれる量ではないことに気がついたのです。

食べ始めてすぐ、私はいつ箸を置こうか、どれだけごはんを残そうかと迷い始めましたが、「こんなおいしいものを残すなんてもったいない」と考え、すでに胃袋はいっぱいであるにもかかわらず、口に押しこんでいったのです。

つまり私は、お弁当の量が今の私にとって多すぎるのを「見極め」ていながら、それに従って「見切る」ことがなかなかできなかったということ。私たちは、この「見切る」ことが苦手で無理に食べ、あるいはまた、必要以上に食べていることにさえも気づかず、余計な脂肪を増やし、体重を増加させ、健康までも損なっているのです。

この「見切る」ことへのためらい、鈍感さは食事に限ったことではありません。家の中を見渡せば、「見切る」ことを躊躇したモノたちが、未練たらしくそこかしこの収納スペースに詰めこまれ、たい積しているのです。

もう使うことはないだろうに。
もう必要となることはないだろうに。
とっくに好みではなくなっているだろうに。
とっくに別なものに心がいっているだろうに。

それは、人間関係も同じですね。もう機能していない人間関係を見切ることをおおいにためらいます。何より、すでに破綻している夫婦の関係を「見切る」ことに悩みます。なぜならそこには情が働いてしまうから。よほどの目にあって「見限らざるを得ない」状態に追いこまれないかぎり、行動は起こせません。

つまり、モノでさえ見切ることができないのであれば、人を見切ることはそれよりはるかにハードルが高いにちがいありません。

これから先の人生を、本書のテーマである「愉快」にするために、「要・適・快」「不要・不適・不快」のセンサーを研ぎ澄ませて、断捨離に励みましょう。

捨てることは「出す」こと

「とりあえず置いておく」とたまる一方

捨てる＝出す。

つまり、空間にモノが収まりきらなければ、空間からすべからくガラクタを出さなければいけません。つまり、ゴミ出しですね。出さないと、ゴミ・ガラクタは空間にあふれてどうにもならなくなります。

モノの断捨離は、何より「家の外に出す」ことを意識します。

収納スペースの多い家ほど、断捨離に着手したものの、空きスペース、空き部屋に「とりあえず置いておこう」という選択をしがちです。これでは、ゴミ・ガラクタを家の中で移動しているに過ぎなくなってしまいます。

人間の身体も同じです。排泄（はいせつ）物にしても、動物とはちがって出す時間、出す場所を選びます。「出す」というのは自然の営みなのに、人間であるばかりに「出す」ことに制限を受けます。もちろん感情さえも。

つまり、感情も排泄物もゴミもみんな便秘なのです。出しているようでちゃんと出していない。だからこそ、人としていかに洗練された「出し方」をしていくか、学ばなければなりません。

私たちは「捨てる」という言葉には抵抗があっても、「出す」という言葉にはあまり抵抗がありません。

「出す」という言葉は、注意して見てみると、大きな機能を果たしています。「捨てる」は機能していなくても、「出す」が機能している言葉は多々あります。

たとえば、「言葉を捨てる」とは言いません。「お金を捨てる」とも言いません。場合によってはそう表現することもありますが、通常、言葉やお金は捨てるものではないですからね。

言葉を出す、お金を出す。

言葉の出し方、お金の出し方。

自分に対して、人に対して、どんなふうに言葉を出していくか、お金を出していくか。自分のために、あるいは人のために。これが人生を決めるのです。

定年後は、自分が今まで培ってきたものを社会に向けて「出す」ときです。「出す」ということは、自分が今まで培ってきたものを周囲、地域、社会に還元していくということ。「出す」と必ず「入ってくる」のです。捨てたら、入ってくる気はしませんが、出したら入ってくる気がしませんか。「出入り口」という言葉もあるように。

私はヨガを通じて「吐く」ことを集中的にトレーニングしてきました。吸い続けても限界があります。吐ききりさえすれば自然に吸えると、繰り返し教わってきました。自分がいちばん執着しているものを手放したら、必ずそれに代わるものが得られるのです。出すと自分の中に余白が生まれます。そこには何かを入れることも可能だし、流れこんでくることも可能です。自力と他力、両方アリです。

人間、ためこんでいたら、不愉快になります。出すと、愉快になります。これからの人生は「愉快」と共に生きていきませんか。

断捨離は出すべきモノ・コトを知り、その出し方を学び、身につけていくメソッドです。

大きなテーブルで、仕事も趣味も

タモ材の天板は一見、一枚板に見えますが、じつは二枚を合わせたもの。水平面をスッキリ走らせれば、仕事もはかどります。

第２章

何をどう捨てるか

──「衣・食・住」の空間をスッキリさせる

定年後の「住」空間とは

「散らかっていても死なない」は誤解

住まいという「空間」があって、その中にいる「自分」は、さまざまな「モノ」に囲まれて過ごしている。それが私たちの生活であり、人生です。

この3つ、自分とモノと空間で、いったい何がいちばん大切な存在でしょうか。また、何がいちばん価値があるものでしょうか。

それは質問するまでもありませんね。自分の命以上に大切なもの、価値があるものなどないはずですから。

ところが、このあたりまえの事実があたりまえとされることなく、時に摩訶不思議な状態に私たちを追いこむことがあります。

つまり、自分が「モノ軸」で暮らし生きていることに、まったく気がつかないままでいるのです。

たとえば、こんな光景があります。

リビングに隣接する四畳半の和室。そこには、背の高い大きな洋服ダンスが2つあります。そのタンスと天井の隙間にも段ボール箱が積み上げられています。おまけに、畳の上には大きな存在感のあるマッサージチェアが鎮座しています。購入した当初は喜んで使っていたものの、ここ5年近くは使われることなく、カバーがかけられたまま。

この一家の夫は毎夜、タンスとマッサージチェアにはさまれるようにふとんを敷いて寝ているのです。タンスとマッサージチェアから受ける圧迫感、閉塞感は半端ではないはず。

こんな睡眠のとり方で、どれだけの睡眠の質が確保できているのかは疑問です。それが今後も続いたとしたら、もう若いとはいえない夫の健康状態はどうなっていくでしょう。

けれど、この家の住人たちは、それに慣れっこになってしまっているようです。夫が毎夜そんな環境の中で寝ていることなど妻は思いやることなく、当の夫自身も苦情を言ってはいないようですから。

私は、この家の妻に質問をしました。

「地震でタンスが倒れる危険がありますよね」

「だいじょうぶです。ちゃんと転倒防止装置がつけてありますから」

なるほど、あの3・11の震災を経験していれば、ある程度の危機管理には心が向くものです。

でも私にいわせれば、タンスが倒れないまでも、タンスの上に積まれた段ボール箱は簡単に落ちてくるでしょう。タンスの引き出しやその中身が、就寝中の夫の上にバラバラと降ってくる危険はおおいにあります。まして、その転倒防止装置がどこまで機能するかもわかりません。

いいえ、なによりも、今後想定される大地震のリスクを云々（うんぬん）する以前に、この家族は、今現在の自分たちの日々の空間の環境に心を配る必要があるでしょう。

「大きなモノ」を断捨離しよう

窮屈だった四畳半が変わる！

ところで、前ページのお宅、肝心のタンスの中には何が入っているのでしょう。

案の定、そのほとんどが、もう出番のなくなった妻の洋服でした。かつては妻自身を華やかに演出してくれ、仕事へのモチベーションを高めてくれた高級ブランド品の数々。忙しい仕事を精力的にこなすなか、それらの服は自分を励まし、元気をくれ、時に癒してくれる存在であったにちがいありません。

ただし、それはどこまでも過去の栄光グッズでしかないのです。

その大量の栄光グッズが詰まった2つのタンスも、35年前の結婚に際して親があつらえてくれた高級婚礼ダンス。現在の住居であるマンションにはそぐわない大きさでありテイストであることは否定できません。

そして、どっしりとしたマッサージチェア。それも、かつては身体と心の緊張をほぐしてくれる癒しの存在であったはず。でも今は飽きて無用の長物となり果てています。

高級で高価、大型で重量があるモノであるばかりに、それらは必要がなくなってもとり除かれることなく、限られた貴重な空間を占拠しつづけます。それがモノ軸となった暮らし方。自分の健康と安全を後まわしにしたモノ軸の生き方です。

どうでしょう。もしこの畳の上から2つの婚礼ダンスとマッサージチェアが思いきって断捨離されたなら、この四畳半の空間はどんなエネルギーに満たされていくでしょうか。

そう、窮屈で狭いと嘆いていた四畳半、いえ、嘆くことさえも忘れてしまっていた四畳半は、安眠熟睡をもたらしてくれる空間へと変わっていくのです。

モノは、たしかに私たちを喜ばせ、励まし、癒してくれます。けれど、喜びも励ましも癒しも、時間の経過とともにやがては色あせていくもの。その証拠に私たちは、どんどんと提供されていく新しいモノに次から次へと手を出していきます。

でも、それは自然であたりまえのこと。だからこそ、それら無用となったモノたちを余計に堆積させつづけてはいけないのです。

「空間のゆとり」はモノ以上に、私たちを喜ばせ、励まし、癒してくれるものですから。

ぜひ「空間の力」を体感してみてください。

無印良品の透明ケースを「分解」して使います！

私たちは「引き出し」を使いこなせません。引き出しは、モノを収めて閉じたら忘れてしまうもの。そこで、透明の収納ケースの登場。引き出しをとり出して小物置き場に、本体は口を上に向けて書類入れに。

一目瞭然、使い道いろいろ

無印良品の「アクリル収納」。透明で中身が一目瞭然、いろいろなサイズ・形の組み合わせがあり重宝しています。

／こちらを…＼

⇓

「ワンタッチ」でしまえる、とり出せる

バラバラにした引き出しは、用途ごとにモノを置くための「座布団」に。色がないため、モノの存在が引き立ちます。

リビング収納

リビングダイニングの一角にある小さめの収納スペースは、使用頻度の高いモノ置き場。極力モノの数を絞りこんでおくと、いざ使うとき「コレがない！」「アレはどこ？」と慌てふためくことがありません。

3段目はお出かけアイテム

3段目は、日常的に使うモノを用途ごとに。大活躍のハサミもここで待機。4段目にはプリンターと夫のPCがあります。

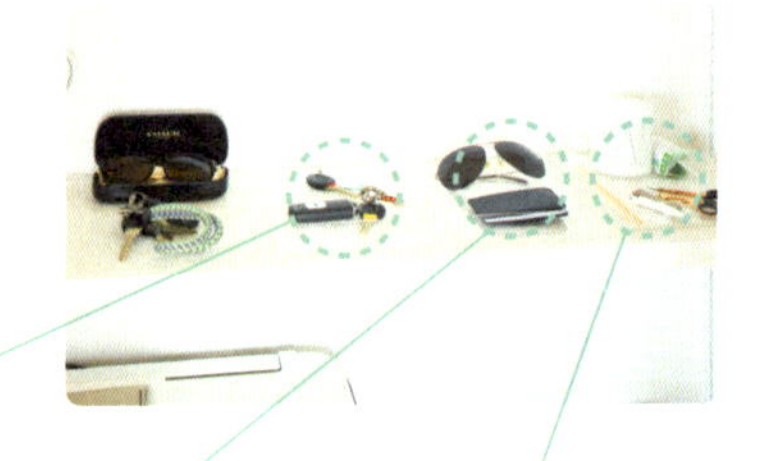

ひょいと置きがちなカギの定位置

夫も私も使う、車のキーと家のカギ。「帰ってくる場所」があれば、忘れモノ、探しモノがぐんと減ります。

サングラスとカードケース

サングラスはメガネケースに入れず、そのまま保管。フタを開け閉めする手間なく、ワンタッチで使えます。

ちょっとした身だしなみグッズ

綿棒や爪切りやピンセットは洗面所に置いてもいいのですが、「お風呂上がりにリラックスして使う」となればこの位置に。

最上段は書類スペース

仕事関係の書類・書籍は東京の仕事場にあるため、ここにあるのはわずか。郵便物は「待機中」を知らせる透明ケースに。

2段目には絵も飾って

左右対称に置いたバスケットは、薬箱（右）と充電グッズ箱（左）。小さな絵を置いて、ちょっぴり心躍る収納空間に。

充電アイテムいろいろ

単1から単3までの電池、充電器・コードはここに。収納のキーワードを決めたら「一元管理」することがポイント。

中身が見えるお薬箱

薬やタブレットは、フタのないバスケットに。薬と処方箋をジップロックにまとめておけば「ボロボロの薬袋」から解放されます。

玄関近くの収納

リビングの一角、玄関にほど近い収納スペースは、工具類、ストック類など、使用頻度がそれほど高めでないモノ置き場。上から2段目にある色紙は、尊敬する書の先生に書いていただいた宝物です。

小腹を満たすちょっとしたお菓子も

「冷蔵庫で一元管理」が基本のため、食料庫は持ちません。ただし、いただいたお菓子などは、ここでジップロック保管。

キャスター付きでとり出しやすく

最下段は、紙袋スペース。どんどんたまる紙袋はカゴにぎゅうぎゅうに詰めず、10枚以上になったら捨てると決めています。

フタなし収納で
中身が見える

ネジやネジ回しなどの工具類置き場。いただきものの空き箱は、フタを閉めずに収納グッズとして活用。

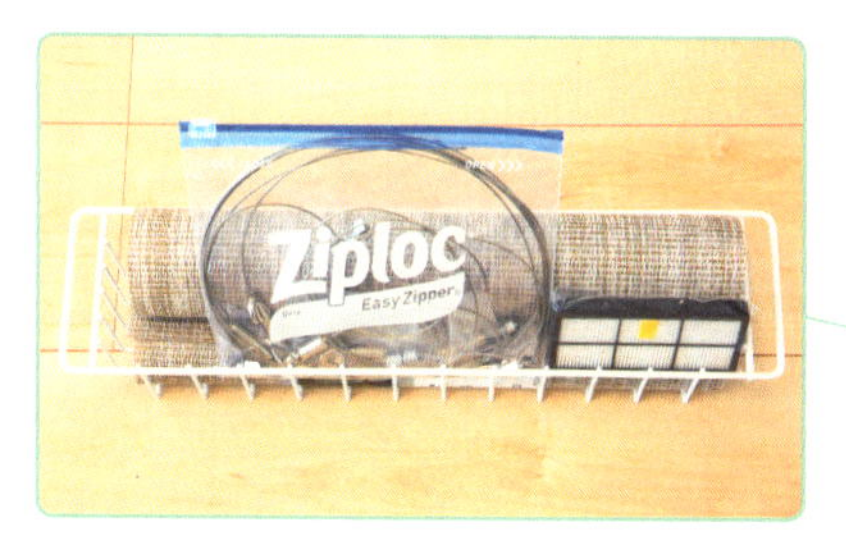

絡まりやすいモノは
ジップロックに入れて

コード類やイヤホンなど絡まりやすいモノ、ガムテープなどべたつきやすいモノはジップロックに入れてスッキリ保管。

断捨離候補の
鍋のフタ

購入した鍋についてきたフタや複数枚あるグリルの網などは、予備として持っていても出番が来ない予感。つまり断捨離候補。

「量」のスイッチを切り替える

ライフスタイルを再点検しよう

子どもが独立して、4人家族が2人家族になっても、あるいはひとり暮らしになっても、いまだ4人分のサイズで生活している人が少なくありません。

ふたり暮らしにもかかわらず大量のカレーを作っては、食べきれなかった分を冷凍庫で凍らせ、もう二度と登場させることはない――。こういう光景が繰り広げられています。

料理に限らず、私たちは何を基準にして「量」を決めているのか、その点検が必要になります。ふたり暮らしならふたり分のモノがあれば十分。ひとり暮らしなら、ひとり分のモノがあれば十分。

大きな冷蔵庫に大量の食材がストックされている。

傘立てに大量の傘がつっこまれている。

押し入れに大量のふとんが待機している。

こうした状況はつまり、「適量」のスイッチを切り替えられていないということです。私の義理の母もそうでした。大家族で育った母は、いつも大きな釜でたくさんお米を炊いていました。家族が少なくなり、電気釜を買い替える時期が来ると、小さいサイズを選ぶかと思いきや、またまた大きな電気釜を買ってきたのです。

母の頭の中は、地域の祭りが基準になっていました。祭りでは大勢の人のために、たくさんごはんを炊いてお寿司を握ります。

でもそれは、年に一度きり。しかも過ぎ去った日々のことです。非日常に焦点を当てつづけていると共に、もしかしたら、昔の楽しかったイメージを再現しようとしているのかもしれません。

量を減らしてしまったら、その楽しさが遠のいて寂しい思いをするのではないだろうか。あるいは数が不足して不都合が生じるのではないか。そんな意識が働いているのかもしれません。そこで、その意識を断ち切るように、思いきって「量のダウンサイジング」をしてみませんか？　いったん量を減らしてみると、意外となんということはないもの。空

ふたり暮らしならふたり分でいい

「どうせつくるなら多めに」の発想はもうおしまい。今、食べる分だけを。

間はスッキリし、家事はラクになり、心もスッキリするはずです。

たとえば6枚切りの食パンを1斤買ってきて、結局食べきれなくなるよりも、おいしいパンを1つや2つ買ってくればいいのです。

すると質も味も吟味することができ、値段も安上がりです。

目の前のたった1つ、2つにフォーカスすれば、そこに手をかけられます。少ないモノを大事にして、「今」を生きることができるのです。

「箱」を捨てるだけで、スペースが生まれる

家族にひとりはいる「空き箱信仰」

壊れたときのために箱をとっておく。

売るときのために箱をとっておく。

引っ越すときのために箱をとっておく。


こうして空き箱が、押し入れにも棚にもいっぱいに詰まっていることはありませんか。

それはスマートフォンの箱だったり、家電製品の段ボール箱だったり、靴の入っていた箱だったりします。まさしく、「未来をあれこれ推測し不安になって手放せない」例ですね。

「壊れたときに箱に入れてメーカーに送り返すために必要だから」

あるタメコミアンの夫はこう主張しますが、はたして、そんな事態は起こるものでしょうか。万が一壊れたら、梱包材などいつでも手に入るはずです。

あるいは、「リサイクルショップで売るときに箱があると高く売れるから」と主張するタメコミアン夫。それに対してダンシャリアンの妻は、「消耗品なのだから、箱があろうと関係ないだろうに。こんなガラクタ、いったい誰が買うっていうの？　古びた電化製品はリサイクルショップだって買い取らないのに」という思いです。

さらに、「引っ越しのときに入れて持って行くのに必要だから」と主張する夫に対して、妻は「いったいいつ引っ越す予定があるの？　転勤族でもないのに。どこにも移り住む気もないのに」。

訝(いぶか)しいどころか腹が立つほどの夫の空き箱信仰。

ところが、空き箱ではなく、タオルやシーツが入った箱となると妻にも心当たりがあります。新品のモノが箱に入っていると、箱ごと捨てるという行為には出づらく、また収納しやすい状態にあるため、つい押し入れの奥に押しこんでしまいます。しかしながら、年月を経た箱の中身は、シミをつくったり色が変わったりしていて、もはや使いものになりません。

さらに、引っ越し用の段ボールに、昔使っていたおもちゃや文具や書類がごちゃごちゃに詰めこまれ、押し入れや天井裏収納に積まれている家も多くあります。時間ばかりが経過し、もはや段ボールから何が飛び出すかはわかりません。

さあ、これを機に、家じゅうの箱という箱をひっぱり出してきませんか。そして、箱の中身を空けてみましょう。自分の目で確認し、必要ないと思ったモノ、そして箱は、潔く処分する。箱を処分すると、箱を置いていた場所に空間が生まれ、風通しがよくなります。

とはいえ私も、高級感のある箱、デザインの凝った箱となると、断捨離の手がはたと止まります。特に気に入っているのが、クッキーが入っていた缶箱。おしゃれで、ついつい用途を考えてしまいます。また、記念品が入っていた木箱なども、用途を考える以前に、捨てがたく引き出しに入れておいています。

断捨離は、気に入ったモノを手元に置いておくことはウェルカムです。ただし、しばらく手元に置いておけば満足するモノも少なくありません。

「住空間」の断捨離チェックシート

水平面のモノ
……断捨離はここから！

水平面とは、床やテーブルの上、ソファの上、棚の上など水平部分のこと。

ここにあるモノをとり除くだけで、部屋は見違えます。

「3つの水平面」からモノをなくそう

「床の上、テーブルの上、棚の上」に何もないと、ああこんなに気持ちいい。

とはいえ、簡単にとり除ける物量ではないかもしれません。その場合は、まずテーブルだけでもモノをゼロにしてみましょう。テーブルに置いておいてもＯＫなのは、食事の器や箸など、現時点で使っているモノに限ります。

食事の際に使うからと、醤油やソースなどの調味料セットがテーブルの端に常時置かれていませんか？

使用頻度が高いからと、ティッシュペーパーやボールペン、新聞、封筒、お知らせプリントなどが置かれていませんか？

水平面にモノが１つ置かれていると、「モノを置いてよし」というメッセージを発してしまいます。１つが２つ、３つ、４つとモノは増えていきます。

テーブルの断捨離ができたら、ソファの上、椅子の上に着手します。すると、そもそもソファが必要ないモノである可能性が浮かび上がります。

最後に床の上のモノを取り除き、水平面にモノというモノがなくなると、掃除がしやすくなり、ホコリは一掃されて、清涼な空間となります。

棚や押し入れの中身の断捨離3ステップ

棚や押し入れは、そこに収めてしまえば、ともかく部屋は片づきます。ガラス扉の「見える収納」でないかぎり、扉を閉めれば「見えない収納」となるため、見ないふりをすることもたやすく、なかったことにできてしまいます。こうして収めて殺した「死蔵品」とその空間を生き返らせるには、以下の手順で断捨離しましょう。

扉を開け放ち、中身をすべて
水平面に出して俯瞰する。

ステップ 2

「要・適・快」つまり、「今の自分に必要なモノ」を意識して絞りこむ。

ステップ 3

「とり出しやすく、しまいやすく、美しく」を念頭に、棚や押し入れに戻す。

□紙類……「その場で」捨てる

郵便物、ちらし、地域の回覧プリントなど、たまりにたまる紙類は「玄関で捨てる」覚悟が必要です。その場で目を通し、取捨選択する。「あとで見よう」と脇によけておいたら、それは山になる運命です。すでに山を作っている紙類は、そこから必要で役立ちそうな「砂金」を探そうとはせず、切り崩してごっそりゴミ箱へ。

＊ハサミ……「各部屋1本」の必需品

ハサミは紙類の断捨離に欠かせない相棒。私は各部屋に置いて、使いたいときにすぐ手にとれるようにしています。郵便物が届いたら、まずハサミで封を開けます。必要ないと判断したらゴミ箱へ、必要と判断したら、封筒の口をざくざくと波型に切り、中身がわかるようにして保管します。

夫のDMや領収書の一時置きは「クリアケース」に

1

いつの間にかたまっている……「クリアケース」だから中身が見えます！

⇒

2

さて分類しなきゃ。

3

大事なもの発見！　ふむふむ。

⇒

4

これはいらない！　ビリビリッ！

5

あとで処理する「やや重要書類」見つけた！

⇒

6

スッキリ！

封筒にハサミをいれて「見える化」しておく。

□空き袋・包装紙……「いつか使える」ことはない

「いつか使えるかもしれない」と捨てずに置いておいたスーパーのレジ袋が、収納スペースを圧迫する光景をよく見ます。いつ、何に使えるのでしょうか。私はゴミ袋は購入しているため、引き出しの一角に収まりスペースをとりません。レジ袋をとっておくなら、紙袋1つぶん、ケース1つぶんと総量規制し、それ以上持たない意思が必要。包装紙も同じ。プレゼント用にするなら、購入した包装紙を使うほうがキレイに包装できますよ。

□リモコン……同じモノ、2つもいりますか?

テレビ、エアコン、照明……とリモコンは増殖するばかり。1つの機器に1つあれば十分なのに、部屋ごとに1つ、予備に1つと親切に用意されています。モノはたくさんあればあるほど、探す手間、なくす比率が増えていきます。2つあるリモコンは潔く1つに絞りましょう。リモコンの管理も、わかりやすい1か所にまとめて。

リモコンって存在感ある
見た目なのに住所不定……

リモコンの住所不定モンダイ解決法

テレビ、エアコン、照明……と種類多し、出番多しのリモコン。いちいち引き出しにしまってはいられません。かといって、出しっぱなしは迷子のもと。さあ、リモコンはどこにあるでしょう？

こんなにスッキリ

リモコンは
「手元」になくてもいい

リモコンはテレビ裏にかくれんぼ。「テーブルから遠いのでは?」とお思いの方！　私は動線を気にするより、動きまわる派です。

じつは後ろに
“リモコンの場所”が

2つもいらない
1つで十分

カゴに3種類のリモコンが仲良く収まっています。収まるためには、同じリモコンは1つに限定して。

□取扱説明書……後から必要になることはほとんどない

家電やデジタル機器を購入すると、分厚いトリセツと保証書が丁寧についてきます。とりあえずとっておいて、その後、必要になったことはありますか？　機器の扱い方がわからなければ、トリセツと格闘するよりも、詳しい人に聞けば即解決します。保証書は、たいてい期限が設けられており、その期間に故障することは多くありません。万一故障しても、メーカーや購入先に連絡すれば保証がきくこともあるため問い合わせてみましょう。

□いただきモノ……「気持ち」を受けとったらそれでいい

大事な家族や友人からもらった品ほど捨てるのは忍びなく、取捨選択を先延ばしにしてしまいがち。手紙や手作り品など、とっておきたいと思うモノは、とっておく選択はウェルカムです。でも、「場所をとるし、どうしようかな……」と迷いだしたら、手放しどき。大切なのは、モノに込められた「気持ち」を受けとること。「この前あげたアレどうなった？」などと聞く人はいませんから、受けとった時点で自分のモノ。見切りをつけることも大切です。

□本……「賞味期限切れ」の本はさよなら

私にとって本は情報であり、情報は鮮度が命。あるときある状況で自分の栄養になったと思えたら、その本の役割はおしまいです。とはいえ、愛蔵書はこの限りではありませんが。

本棚に本がずらりと並ぶ「知的な自分」に満足したい気持ちもわかりますが、今は、情報はデジタル化の時代。量より質で勝負しましょう。古書店やリサイクル店に持っていってもほとんどお金にならないと嘆く人もいますが、まとめて引きとってもらうには格好の場。電話1本で家まで来てくれる業者もあります。

□思い出・思い入れのあるモノ……「とっておく」もウェルカム

子どもの作品、家族の写真、大事な人からの手紙……こうしたモノはいわば「宝物」。断捨離は、「選び抜く」が基本ですから、捨てずにとっておく選択肢もあります。

もしそれが自分以外の家族の所有物であれば、勝手にいじってはなりません。断捨離は、自分のモノに限って行うのがルール。断捨離中に「宝物」を発掘したら、リビングに置いたりして日の目を見させてあげることも考えたいですね。

□趣味のモノ……モノがなくても思い出は残せる

ゴルフやサーフィンや楽器演奏など道具にこだわる趣味は、とっくに興味関心が失せたとすれば、断捨離の優先候補です。熱中した時間や仲間との思い出もあり手放しがたいかもしれませんが、道具がなくても思い出が色あせることはありません。

大きなモノはリサイクル店に電話し、引きとってもらえるか聞いてみましょう。引きとってもらえない場合は、潔く処分。粗大ごみなど地域のルールに従ってください。

□高級ブランド品……むしろ流行に左右されやすい

一生ものといわれる、バッグや靴やジュエリーなどのブランド品ですが、じつは流行に多分に左右されるモノでもあり、死蔵品になっていることが多々あります。「高かったから」と断捨離を躊躇しますが、「身につけたい」「見ているだけで幸せ」と思えないのであれば、手放しどき。リサイクル店に持ちこみましょう。メルカリなどインターネットでも中古ブランド品を専門で扱うサイトがあります。

□大きな家具……小さな部屋にソファはいらない

大きなソファほど日本の住宅に合わないモノはない、というのが私の持論です。たいてい洗濯もの&雑誌置き場になるのが関の山。もはや誰も座っていないにもかかわらず、「大きくて捨てるのが大変」という理由で放置しがちです。家族にとってくつろぎの存在ではなくなったら、今すぐ業者に電話しましょう。

定年後の「食」空間とは

「食べたいものを食べる」ための冷蔵庫

ひとり暮らし、ふたり暮らしであるにもかかわらず、とても食べきれる量ではない食品が隙間なく空間に詰めこまれている――そんな冷蔵庫、心当たりはありませんか？

私の実家もまさにそんな冷蔵庫でした。父と母、ふたりの生活なのに、あるいは父が亡くなって母ひとりの生活になったのに、「いったい何人家族？」と考えこんでしまうような有様です。

食べ物の鮮度もさることながら、こうまでして食品をためこんでしまうのはなぜなのでしょうか。冷蔵庫に食品をためこみつつ、毎日スーパーに買い物に行くのです。

そんな奇怪な行動には、こんなシンプルな理由があります。

私たちは、毎日気分で食べる。
私たちは、毎日気分が変わる。

だから、昨日仕入れた食品は、一昨日仕入れた食品は、1週間前仕入れた食品は、奥へ奥へと詰めこまれていく。当然、食品は賞味期限切れに。スーパーで画一的な量で提供されている食品が、個々の家庭の消費量と一致することじたいが稀(まれ)です。たとえどんなに気をつけていたとしても、使いきれず余りものが出てしまうのは無理もないこと。

そう、私たちは、今日食べたいものを、今日食べたいのですから。冷蔵庫が冷蔵庫でなく、食品の墓場と化している冷蔵庫を、どれだけ見てきたかわかりません。

一方で、やみくもに奥へ奥へと押しこんだ目も当てられないような冷蔵庫とは別に、一応全体を把握し、一見統制のとれている冷蔵庫もあります。残りものはタッパーに移し、作り置きもし、そのタッパーを幾重にも重ね、空間を埋めている冷蔵庫です。賞味期限は逐一チェックされ、管理は行き届いています。

しかしながら、こんな冷蔵庫の空間の有様がどうかが問題なのではなく、肝心なのは、冷蔵庫にいったいどれだけの「自分の食べたいもの」が保存されているかどうかです。

冷蔵庫にいっぱい食品が詰まっていればいるほど、なぜかそこに食べたい食品がないと感じませんか。まるで、ぎっしり詰まったクローゼットに着たい服が見当たらないように。冷蔵庫の中のほとんどが、食べたくない食品、食べられない食品と化しているのです。

定年後は、「食」を制限する外的要因はありません。朝、電車の時間を気にしながら朝食をかきこむことも、昼の1時間で同僚と社食を食べることも、夜、接待を兼ねた宴会でお酒を飲むこともなくなります。

定年後は、食べたいものを、食べたい時間に、食べたい人と、味わって食べることができるのです。ぜひ、「食」の喜びを取り戻してください。

クリップも冷蔵庫にあれば
ストレスゼロ！

使いかけ、食べかけの袋をとめておくクリップは、現在8コが冷蔵庫の右扉で待機中。シンプルデザインながら、強力でどんな袋にも対応し、「使いかけですよ」の合図を送る頼もしいクリップです。

クリップは
きれいに整列すると
かわいく
思えてきます（笑）

思い立ったら
すぐにキュッ！

「まとめ買い」「つくり置き」は卒業

毎日、新鮮なものを買いに行く

私にとって冷蔵庫は、食品の一時的な仮置き場。食べたいものを食べたい量だけ置いておく場です。

自分たちの食べる量を考えたら、小さい冷蔵庫で事足りるわけですが、私はあえて大きな冷蔵庫を使っています。

それは冷蔵庫の空間をたっぷりとっておきたいから。

食品の保存だけが目的であれば、空間は小さくてもかまいませんが、食品の仮置きが目的であれば、空間が広いと便利です。

たとえば、数時間後に集まるお客さんのために作った煮込み料理を、鍋ごと冷蔵庫に置いておくとき。扉を開けると、空間全体をひと目で見渡せ、「主役」が収まるスペースが確保され、必要なモノをワンタッチでとり出せる。それが冷蔵庫の役目です。

こまごまとした調味料も、冷蔵庫で一元管理します。一定の温度・湿度が保たれた空間ですから、鮮度を保つのに最適です。

調味料のパッケージはできるだけ取り除き、中身が見える状態で保管します。パッケージの色という「雑音」を消すことで、庫内がスッキリとし、「主役」をおいしく見せる効果があります。

タッパーなどのカラの保存容器や、使いかけ袋をとめておくクリップも、冷蔵庫内に保管し、いつでも使えるようにしておきます。

保存容器に詰めた食品の量が少なくなったら、中身に合わせて小さい保存容器に移し替えます。住人の数が減ったら家のダウンサイジングをするのと同じですね。

空間のムダがなく、雑音がなく、スムーズな動きのある空間、それが理想の冷蔵庫です。

これが、やましたひでこのリニューアル冷蔵庫！

ゆったり使いたいので、ふたり暮らしでも大きめサイズの5ドア。食材のストックは極力置かず、「今日、食べたいもの」が中心。調味料から密閉容器まで「冷蔵庫で一元管理」すれば、家事はもっとカンタンになります。

冷蔵庫の扉には味つけの好みが出る

左の扉には、チキンコンソメ、海苔、ホワイトペッパー、ガーリックパウダーなど、右手には、沖縄のラー油やお出汁などが。冷蔵庫の中央には、松の実にバター。梅干し、沖縄の砂糖、コーヒーはわが家の必需品。

2段目

野菜ストックのほぼない野菜室

野菜室が中段にあるというメリットで選んだ冷蔵庫ですが、この日、野菜のストックはナシ。そう、ストックは少ないほどヨシ。食材は高野豆腐のみで、マヨネーズやソースなどの調味料置き場になっています。

3段目

冷凍庫は見事にからっぽ

普段は、みじん切りにした薬味をジップロック保存することが多い冷凍庫。ちょうど使いきったため、この日は食材ゼロ。「使いきる」満足感をぜひ味わって。

4段目

大小合わせて12の密閉容器

もうひとつの冷凍庫には、使いかけ食材を保管するジップロックの密閉容器が待機しています。容器はサイズ別に、フタはフタで重ねておきます。

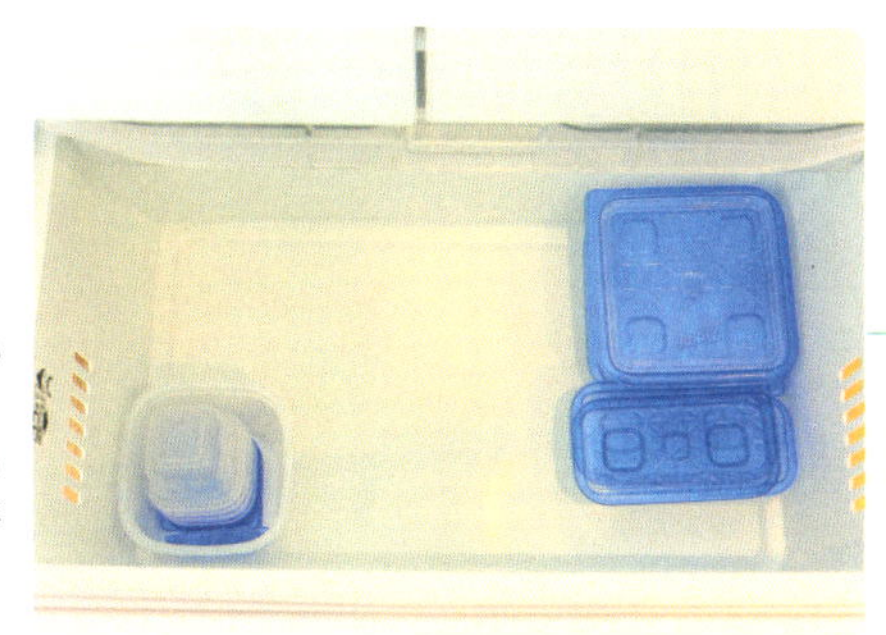

「食」は、私たちが生きていくための基本です。定年後、ひとりで、あるいはふたりで、どんな食生活をしていくか。それが冷蔵庫に表れます。

定年前は忙しく、まとめ買いの癖がついていた人も多いでしょう。安売りの日を狙って買いこんだのはいいものの、結局使いきれずに捨ててしまう。休日にまとめてつくり置きしたものの、結局食べきれずに捨ててしまう。そんな経験は一度や二度ならずあるのでは？

ここできっぱりと肝に銘じましょう。

まとめ買いやつくり置きは、食材の屍(しかばね)を増やすだけです。

本当に食べたいものを見失わせるだけです。

定年後は、毎日買い物に行く時間があります。食べたいものを食べる自由があります。

ぜひ、「そのつど買い」の習慣をつけましょう。食べものは新鮮さが命です。

もちろんパッケージは「とる」で美しく

食品や調味料のパッケージやラベルは商品の顔ですが、冷蔵庫に勢ぞろいすると、空間がうるさくなり、「主役」が引き立ちません。よほど魅力的なデザイン以外のパッケージははがし、できるだけ庫内の色を消します。

黒くてから〜い
沖縄のラー油
泡盛たっぷりの
「こーれーぐーす」

今日は、
粉チーズで
仕上げよう

冷蔵庫の
断捨離3ステップ

毎日使う冷蔵庫。だからこそ、新陳代謝が命。
賞味期限切れの食品、数年前から眠っている調味料が、
ファーストステップでこんなに出てきましたよ。

ステップ 1　冷蔵庫を開け放ち、中身をすべて水平面に出して俯瞰する。

賞味期限が切れているものから断捨離し、「食べたいもの」を意識して絞りこんでいく。

「見えない収納」は、空間に対して７割以下の量を目安に、「とり出しやすく、しまいやすく、美しく」を念頭に収めていく。

食器棚の
断捨離3ステップ

食器は、食生活を彩り豊かにするキャンバス。
「家族分の種類と枚数をそろえる」生活から、
「一枚一枚を慈しむ」生活へシフトしましょう。

食器棚を開け放ち、中身をすべて水平面に出して俯瞰する。

ひびが入っていたり欠けたりしている食器から断捨離し、「いい食器」を普段づかいすることを意識して絞りこんでいく。

ガラス扉は「見える収納」であるため、空間に対して５割以下の量に。「取り出しやすく、しまいやすく、美しく」を念頭に、選び抜いた食器を収めていく。

□ゴミ箱……陰にこっそり隠す

部屋の数だけゴミ箱がある家もありますが、ゴミ箱は数が多いほど、ゴミ出しの手間がかかります。私はキッチンに1つ、寝室に1つだけ。キッチンでは引き出しの中やラックの後ろに置いて存在感を消しています。ゴミ処理法は、そのつど主義。生ゴミは小さい袋に入れてすぐ口をしばり、大きな袋に捨てるためニオイ発生知らず。ゴミ箱じたいも汚れるため、丈夫な紙袋をゴミ箱として使用し、汚れたら捨てます。

□調理器具……美しいモノは使いやすい

調理器具は、デザイン重視。「機能美」の名のとおり、美しいモノは使い勝手も優れていると実感しています。「大は小を兼ねる」という言葉がありますが、鍋に関しては、それは通用しません。数もしぼりこみましょう。引き出しにしまう際は、敷き物を敷いて、ゆったりと保管したいものです。包丁やお玉、フライ返し、ハサミなども、十分な隙間をとって壁に掛けるか、引き出しに置くかします。

ゴミ箱は「目に入らない」扱いで！

じつは食器棚と壁の間に
あえてスキマをつくり
「ゴミ箱」を置いています。

冷蔵庫と食器棚の
ちょっとしたスキマに
「クイックルワイパー」
をセット。

□キッチン家電……使っていないモノは断捨離

電子レンジ、炊飯器、コーヒーメーカーなどのキッチン家電はあったら便利ですが、なくてもなんとかなるモノ。意外と空間を占領するため「本当に必要?」と自身に問いかけてみましょう。私は電子レンジと炊飯器を数年前に断捨離しましたが、最近、炊飯器のみ復活。とはいえ、保温機能なし、小型のシンプルなモノ。食も「そのつど主義」ですから、本来ごはんは鍋で炊くのがいちばんです。

□天井収納……モノを収めない勇気を

収納スペースの広さを誇るシステムキッチンですが、天井近くまで収納棚があったところで使いこなせる人はどのくらいいるでしょうか。天井収納にいったんモノを入れたら最後。何を入れたか思い出すこともありません。床下収納も同じです。収納は、収めれば終わりではなく、「とり出しやすさ」が命です。出し入れの体勢にムリのある収納スペースは、モノを収めない勇気を持ちましょう。

スポンジはやめて麻袋に。広げて乾かせば、隠れるし、カビも生えません。

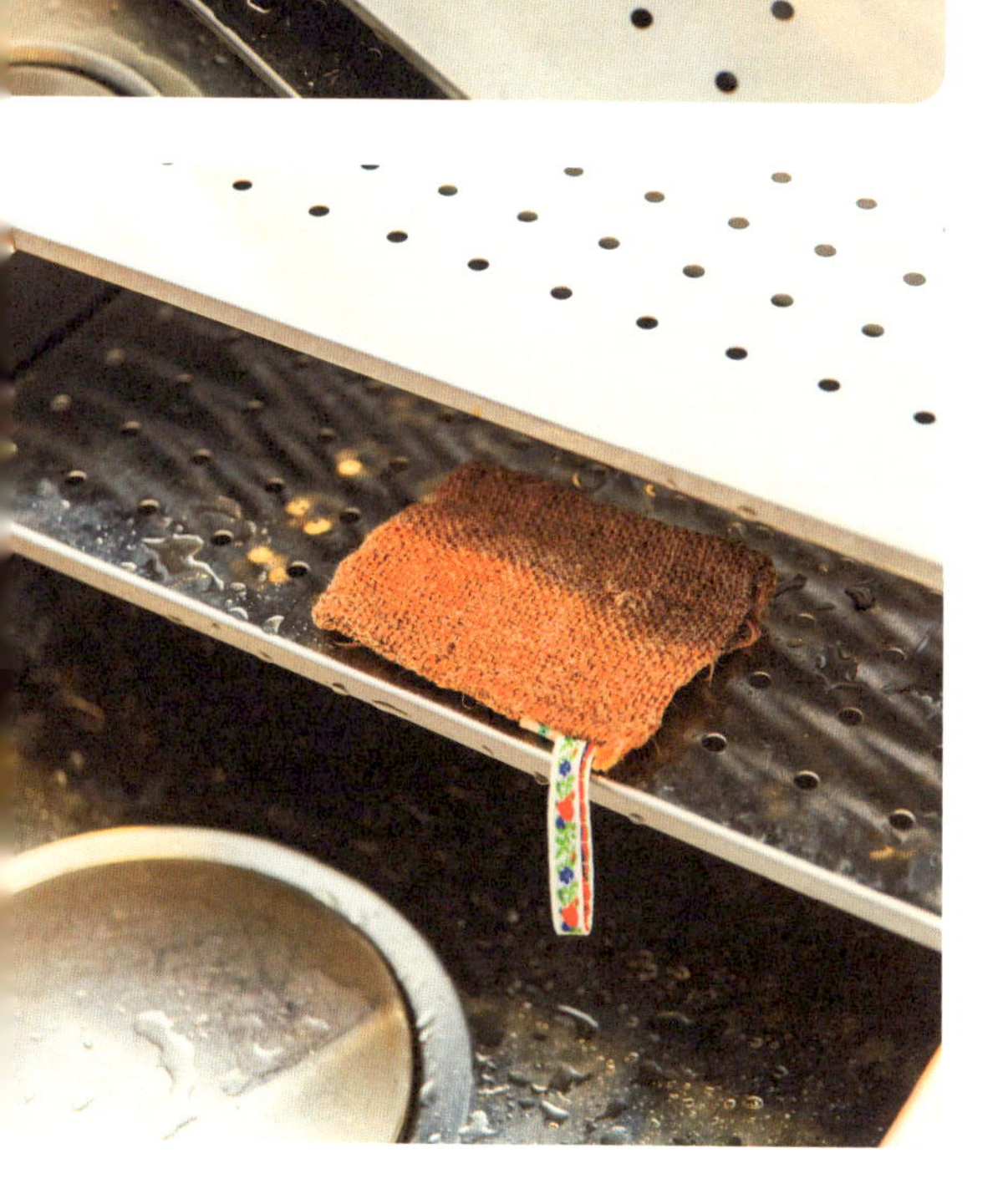

日頃から「うるさい色」が不満だったキッチンスポンジ。今は、いただいた麻のお菓子袋をスポンジとして愛用しています。ぎゅっとしぼって、流しの水切り台の下で、こっそり待機。

台所収納

PART 1

使っていない調理グッズ、食べ終えた食器の山。これらを一掃し、作業台に水平面をつくって、「料理したくなるキッチン」を目指しましょう。わが家は水切りラックもありません。

2段目

鍋は小さいほど小回りが利く

フランスのクリステルの鍋は、5つセット。鍋は、大は小を兼ねません。ふたり暮らしでちょっとしたものをつくる場合、小さな鍋で十分。

常温保存の
オイルたちはここに

オリーブオイル、ごま油なども引き出しの中に。ガス台周りに油をズラリ並べている人もいますが、実は危険。

フライパンは大小1つずつ

流しの下には、フライパン大小1つずつ。左の野菜水切り器の下には、「ニトリ」の滑り止めシートを敷いています。

包丁もまな板も
出しっぱなしにしない

包丁が3本、まな板が2枚、おろし器が1つ。使ったあと、ペーパータオルでふき、よく乾かしたら引き出しの中へ。

台所収納

PART 2

システムキッチンは便利ですが、「収納地獄」に陥りやすいのも難点。「ホントに必要？」と常に問いかけ、選抜したアイテムが「美しく」そこにある場所にしましょう。

重宝してますジップロック

使いかけの食材、みじん切りにした薬味、さらにお米の保管まで、ジップロックは大活躍。

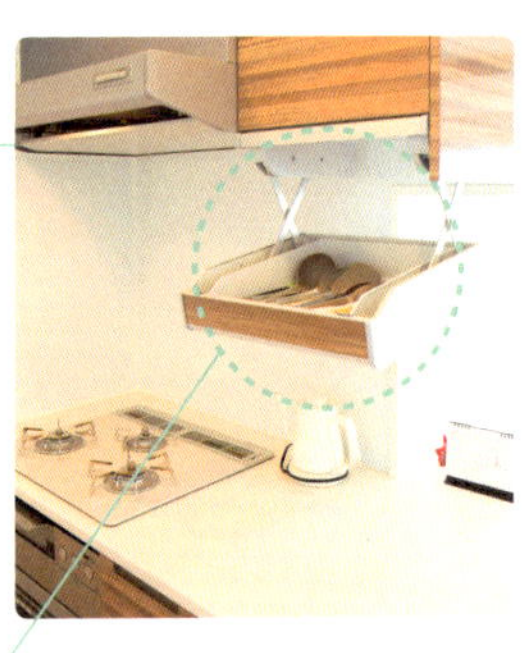

宙に浮いた引き出しの中に

お玉やフライ返しは、キッチンの壁にはらはらと掛けるのが常でしたが、ユニークな収納が新たな「居場所」に。

上

ペーパータオルで後始末いらず

作業台から食器ふきまで、すべて厚手のペーパータオルで。水切りラック代わりに、ペーパータオルにお皿をふせておきます。

中

お掃除用品大集合

食器洗剤、キッチン掃除洗剤、ウェットペーパーなど、掃除用品が集合した引き出し。

レジ袋はもらわず、買います！

市販の袋を購入すると、置く場所をとりません。もらったレジ袋はその日のうちにゴミ袋にし、家に留まる時間を極力短く。

レジ袋のストックはこれだけ

基本的にレジ袋はもらいませんが、もらったレジ袋はMサイズのジップロックに入れて「総量規制」します。

食器棚の引き出しは浅いほうがいい

地元だった石川県小松市の「生活アート工房」でオーダーした食器棚。もちろん掃除しやすい脚つきです。引き出しはすべて、ディスプレイ仕様の浅いもの。つい重ねがちなお皿も、最大2枚まで。

3段目

6つの丼を重ねず収納

大きすぎず小さすぎずの沖縄・壺屋焼の丼。ごはんを盛ったり、ソーキ蕎麦を食べたり、出番の多い器です。

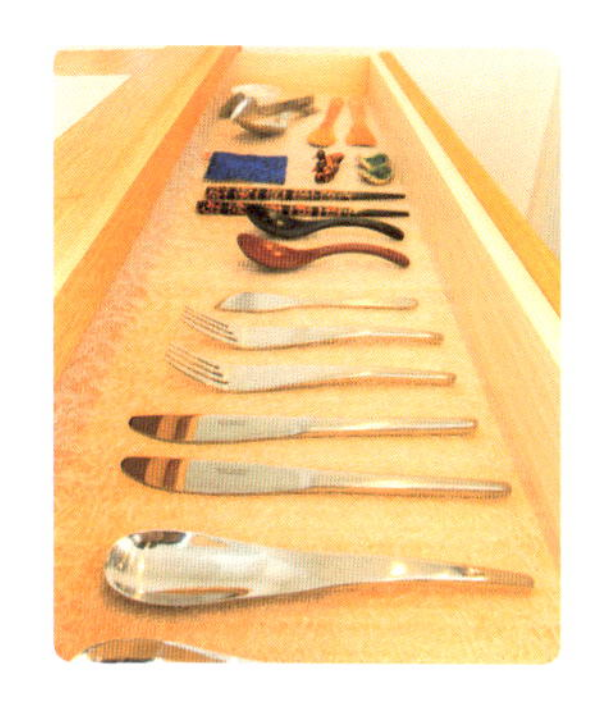
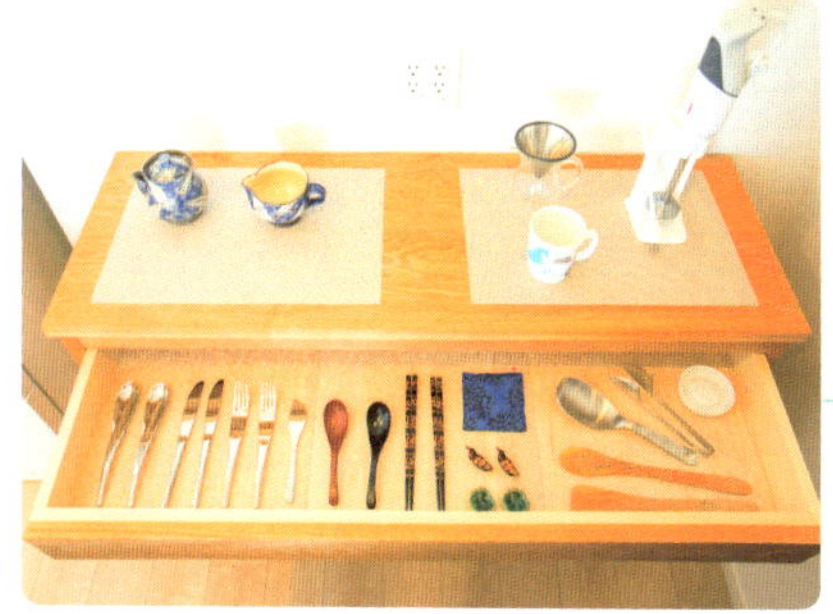

1段目

カトラリーは「間」を意識して

お箸、箸置き、スプーン、ナイフ、フォーク……。1膳ずつ、1本ずつ愛でながら、「間」を意識したディスプレイにします。

2段目

沖縄気分が盛り上がる器

沖縄料理を盛りつけたくなる、壺屋焼のお皿。ぬくもりのある手触りが好きで、移住前からたびたび購入しています。

定年後の「衣」空間とは

「着たい服」がひと目でわかるクローゼット

ぎちぎちに詰まったクローゼットの前で、「今日、着る服がない」と悩む――。これは、どこにでもある朝の光景といえるでしょう。

テレビの取材でお会いした78歳の男性も、そんな悩みを抱えていました。にもかかわらず、いざ断捨離に踏みきろうとすると、こう言って手元に残しておこうとするのです。

「うん、これは着ようと思えば着られる」

その洋服を買ったときのことを思い出してみてください。「着られる」から買ったわけではなく、「着たい」から買ったわけですよね。

洋服は、私たちを引き立ててくれるものです。「着たい」と思って、一定期間着たら、洋服の「旬」は過ぎます。人の心は常に移ろうものですし、世の中の流行も移ろうもの。その洋服は十分に役目を果たしたのです。

私はその男性に、こう伝えました。

「着られるかどうかではなく、自分がカッコよく見える服を着てください」

自分がカッコよく見えるかどうかがわからなければ、一回着てみて、その姿を鏡に映したり街に出たりして、そこで判断したらいいのです。

そんな話をしているうち、彼はあっという間に7袋分の洋服を断捨離しました。

クローゼットをぎちぎちにしないために、ハンガーで洋服の総量規制をすることをオススメしています。私は、交感神経の服（仕事用・仕事場に保管）、副交感神経の服（プライベート用・自宅に保管）と分け、それぞれ5着ずつを着まわしていますが、定年後であれば、それぞれ2着と6着にするなど、割合を変えてもいいでしょう。

数量を決めたら、ハンガーをそれ以上増やさないこと。新しい服を買ってきたら、古い服とはさよならする。いいえ、古い服とさよならしたら、新しい服を買う。

こうして新陳代謝することで、「着たい服」「カッコよく見える服」だけが気持ちよさそうに掛かっているクローゼットになります。

１００着あっても、「今日、着る服がない」

断捨離すると、人生が変わる

手持ちの洋服をダイナミックに手放して、身軽になり、好きな道を歩み始めた女性がいます。私の担当編集者であり盟友の山際恵美子さんです。

ファッション誌の編集長をしていた彼女は、年に数回ミラノやパリのコレクションに出かけ、そのたびにトレンドの洋服や小物が増えていきました。

こまめに処分していたつもりでも、「高かったから」「思い出の服だから」となんらかの理由をつけては、手元に置いておきます。高級ブランドのバッグだけでも１００個以上。

ところが、山のように服があるにもかかわらず、「今日、着る服がない」と悩んでいたのです。

「そんな生活を一変させたのが、断捨離との出会いだった」と山際さん。

退職を機に断捨離に励み、もとの数の10分の１以下にまで洋服・小物を減らしました。

手元に残ったモノは、好きなモノ、大切にしたいモノばかり。「今日、何を着よう」と悩むこともなくなり、よりいっそうオシャレが愉しくなったとか。

こうした経験を生かして、少ない服で日常服をコーディネートするセミナーを開いたり、個人のファッションアドバイスをしたりする仕事をスタート。また趣味のシャンソンを本格的に勉強し、今はシャンソン歌手として舞台にも上がっています。まだまだ彼女の勢いは止まりそうにありません。

定年こそ、今まで背負ってきたモノを総点検する時期です。

クローゼットの
断捨離3ステップ

流行も気分も体型もどんどん「変化」していくように
クローゼットの中身も
どんどん「変化」していくのが自然。
「着たい服」でワクワク過ごすために、この手順で。

ステップ 1
クローゼットを開け放ち、服を
すべて水平面に出して俯瞰する。

カビが生えていたり傷んでいたりする服から手放していき、「今、着たい服」を意識して絞りこんでいく。

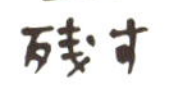

クローゼットは「見えない収納」のため、空間に対して7割以下の量を目安に。ハンガーで容量を決めて、そ以上増やさないと心に決め、「とり出しやすく、しまいやすく、美しく」を念頭に、「旬」の服を決めていく。

□洋服……「旬」の服で出かけよう

「まだ着られるから」「高かったから」「やせたら着るから」「いざというとき着るから」と、さまざまな理由をつけて、私たちは洋服を手元に残しておきます。

でも今、着ないのですよね。

捨てることに後ろめたさがあるのなら、リサイクルやネットオークションに出す、寄付するなどの方法もあります。ただし、手間と時間がかかる作業でもあり、結局、死蔵品にしてしまう可能性も大。思いきってハサミを入れてしまうのも、断捨離の方法です。

□下着・タイツ類……「見えないところ」にこだわる

洋服ほどかさばらないのをいいことに、下着やタイツ、ストッキングなどが引き出しにぎゅうぎゅうに押しこまれている家の多いこと。

よくよく見ると、毛玉があったり穴開きがあったり色あせていたりします。

私は、押し入れの奥、排水口のつまりをキレイにするのと同じく、見えないところにこだわりたいタイプ。

下着は「いいもの」を3セットと決めています。よれよれの下着は見限って、新しい下着で新しい人生を始めましょう。

□ハンカチ……断捨離の盲点

ある受講生さんは、夫の20年前のハンカチを最近みつけて面食らっていましたが、ハンカチは断捨離の盲点です。多少傷んでいても「まだ使える」と思えば捨てづらく、タオルのように雑巾にするわけにもいきません。

ハンカチはいただきモノとしてやりとりすることも多く、気づいたら、引き出しに何十枚……。本当に気に入って使っている数枚だけを手元に残し、あとはすっぱり断捨離しましょう。

□バッグ……「放置バッグ」はさよなら

バッグを集めるのが趣味という人もいますが、たいていは、すでに使わないバッグをただ捨てずに置いているだけなのでは？「今の自分」に焦点を合わせたら、必要なバッグは1つです。用途によって、2つ、3つの人もいるでしょう。ブランド品であればリサイクル店へ、そうでなければ、「ありがとう」の言葉と共に捨てましょう。

ちなみに、バッグの中身を1日の終わりにすべてとり出すことは、忘れもの防止の点でもオススメです。

□お財布の中身……断捨離ウォーミングアップに！

初めて断捨離する人は、ウォーミングアップとしてお財布の中身から着手してみませんか。方法は、クローゼットの断捨離と同じ。中身をすべて出して俯瞰し、必要なモノだけ戻す。お財布はスリムになり、心はスッキリ。この小さな成功体験が、より大きなモノ、大量のモノの断捨離へのステップとなるのです。

□タオル……ふかふかタオルで自分をもてなす

毛羽立っていたり色が変わっていたりしても、延々と同じタオルを使い続けている家があります。「いくつあっても困らない」と山ほどのタオルが積まれている家もあります。そのタオルはふかふかですか？　私は1年に1回、タオルを新調しています。お客さんに出せるようなタオルを自分で使うと、自己肯定感がアップします。タオルはくたびれてきたら雑巾にし、汚れた箇所をめいっぱいふいてゴミ箱へ。

□シーツ・カバー・タオルケット類……2組あればいい

これも定期的に新調しようという発想になりにくいアイテムです。タオルと同じく、「何枚あっても困らない」「お客さんのために用意しておかなきゃ」という人がいますが、実際そんなになくても困りません。シーツ、カバーは2組あれば十分です。私はこうしたリネンの類は、リーズナブルで品質のしっかりしたものを定期的に新調し、こまめに洗濯して、気持ちのよい眠りを確保しています。

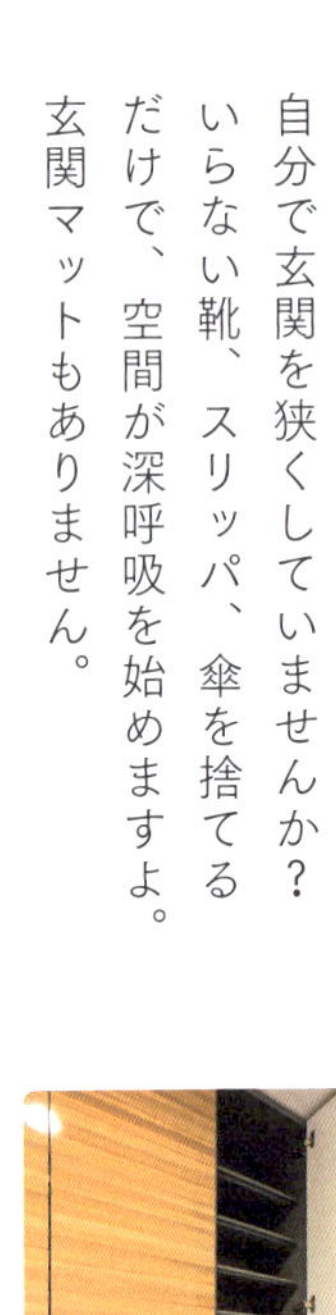

玄関に靴がない……？

自分で玄関を狭くしていませんか？
いらない靴、スリッパ、傘を捨てるだけで、空間が深呼吸を始めますよ。
玄関マットもありません。

傘立てはありません

傘はひとり1本。雨に濡れた傘はリビングやベランダで乾かし、収納扉の中にしまいます。

靴箱をディスプレイする

夫の靴はスニーカー2足(1足は外出中)。私の靴はスニーカー1足、サンダル1足、パンプス2足。最上段には、お客様スリッパが2足。

□靴……スッキリした玄関へ

靴であふれ返った玄関に、帰ってきたいですか？ 人を呼びたいですか？ 玄関はエネルギーの通り道。ここをキレイにするだけで、気持ちはリフレッシュします。

履きつぶした靴、流行遅れの靴、履いていく場のない靴、ファッションと合わない靴……いずれにせよ、積極的に履きたいと思わなくなったら、手放しどき。私は「季節ごとに履きつぶしてさよなら」がモットーですが、そのスパンは人それぞれ。お気に入りの靴を選び抜き、靴箱には「1段に1足か2足」を目安に収めましょう。

洗面所 収納

身だしなみを整える洗面所は、スッキリ美しい空間でありたいもの。ポイントは2つ。モノを置かずさっとふける洗面台をキープすること、収納扉の中をディスプレイすること。そのために、モノは最小限、今使っているモノだけに絞りこんで。

洗顔用ヘアバンド

洗顔時やお風呂上がりに髪をとめるヘアバンド。使うときに一番手にとりやすい場所に。

**ここで休憩する
旅のグッズ**

移動の多い私が旅行バッグに携帯する旅のスキンケアグッズ。棚の高いところで次なる旅に備えています。

**ふかふかの
夫婦のタオル**

夫用、私用のバスタオル、フェイスタオルが各2枚ずつ。ホテルのようなふかふかの肌触りがなくなったら取り替え時です。

**下着類は
洗面所がベスト**

以前はクローゼットにあった下着類。お風呂上がりにつけることを考え、洗面所が定位置に。ライフスタイルは随時見直します。

何も置かないから キレイを保てる

歯ブラシ、歯磨き、ヘアブラシ、洗顔料……毎日使うからと出しっぱなしにしていませんか？　扉の中にすべて収めてしまえば、洗面台は使うたびにふけるため、水ハネ、水アカ知らず。お風呂場も一切モノを置かないため、掃除も「らくちん」です。

上の棚には モノを置かない

三面鏡の右の鏡の中は、ボディジェルやヘアブラシなど、「お風呂上がりアイテム」の場所。手の届く2段目の棚まで使用しています。

植物由来の万能洗剤

洗濯洗剤は、排水を汚さず、肌にも低刺激の「松の力」や「生分解する洗剤　海へ」を長らく愛用しています。

鏡を開けると美術品のように

メイク・スキンケア道具は「ディスプレイ」することで、身だしなみの気分も上昇します。とはいえ、普段の私はすっぴん生活のため、スキンケアはスクワランオイルを塗る程度。

「銭湯方式」のシャンプーはここ

三面鏡の左の鏡の中は、歯磨き用品と共に、シャンプーがひとつ。入浴は、シャンプーを毎回持ちこむ「銭湯方式」を採用しています。

洗面台掃除はペーパータオルで

キッチン周りと同様、洗面台のメンテナンスはペーパータオルを使用します。鏡と洗面金具もピカピカにして、ゴミ箱へポイ。

ドライヤーがゆったり空間に一台

使った後も熱を持つドライヤーは、こまごまとしたグッズと一緒には置かず、専用の引き出しでゆったり出番を待ちます。

第3章

「家」をダウンサイジングしよう

——夫婦ふたり暮らしに大きな家はいらない

「家」というお荷物

その家、ライフスタイルに合っていますか？

家は、「不動産＝財産」であり、「所有＝資産」という図式。これが、私たちの大方の常識です。けれど、そうとはいえない状況が忍び寄っていると感じるのは、私だけではないようです。

不動産であったはずの家、資産であったはずの家が、なんらモノと変わりがないという思いをメールマガジンで発信したところ、ある工務店経営者からこんなコメントが寄せられました。

「家は、大きなゴミとなり始めています。ゴミのような家を建てすぎたと思います。世界では家は文化でも、日本の家は工業製品です」

なるほど、私の「家もモノ」「家も動産」という意識を超えて、「家もゴミ」という事態を感じとり、真剣に憂いている家づくりの専門家がいるのです。

外に出さないかぎりゴミは減らない

大きな家ほど、押し入れに、空き部屋に、際限なくモノを、いやゴミをためこんでいます。

そして、親が残していった家を相続した女性からも、こんなコメントをいただいたのです。

「内も外も、まるごとゴミでした。持っているだけでお金がいるし、捨てるにもお金がいる。まさにゴミ屋敷。親の残した人生の残骸。家の処分料も値上がりしている。自然に還らないものがいっぱい使われているからですね」

モノも使われることなく放置されていたら、ゴミでしかない。家も住まわれることなく放置されていたら、ゴミでしかない。

こう言いきっていいでしょう。モノという生活の残骸、家という人生の残骸は、私たちの生活と人生を圧迫する負債です。よって、家を負債としないようなライフスタイルをつくっていかなければなりません。理想は、大きすぎる一戸建ては若い世代に貸して、自分たちはコンパクトに暮らすこと。

賃貸か分譲かという問題ではなく、どんな状況でも、さっさと乗り換えができるような身軽さでありたいということです。


余計なモノと大きすぎる家は、人を「その時」「その場」に固定させる大きな原因です。

もちろん、人生は人それぞれ。そこにじっとしていることを好む人もいるでしょう。でも私はじっとしている人生を好みません。身軽でありたいから、断捨離をする。荷物を担いでは下ろし、また担いではまた下ろしの繰り返しです。私の断捨離は、モノを片づけるためでもなく、家をスッキリさせるためでもなく、自分自身をより軽やかに、より自由自在であるためにしているのです。

さあ、定年を機に、自分がいる場所を見回してみてください。住空間の見直しをしてください。なぜって、自分がこれから暮らしていく、生きていく空間なのですから。現状認識をし、次の行動に移しましょう。

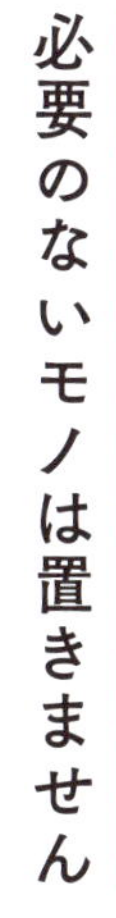

トイレはもてなし空間。必要のないモノは置きません

私にとって、トイレはおもてなしの空間。お客様が、いえ自分自身が心地よくいられる場所であるべく、「そのつど方式」でメンテナンス。汚れがつきやすいトイレスリッパやトイレマットは置きません。

天井収納は手の届く段まで

天井近くにモノを上げてしまったら、使うことはできません。使えないモノはいらないモノ。「空間に詰めこまない」勇気を持ちましょう。

トイレットペーパーは袋から出してストック

購入したトイレットペーパーは、袋をはがして棚に置きます。「同じ手間なら早いうちに」がモットー。ストックは、トイレットペーパーが6つ、ウェットティッシュが4つ。

掃除グッズはありません

トイレを使用するたびに便座をふき、さらに便器の中もふいているため、汚れがたまりません。よって、掃除ブラシや洗剤もナシ。アロマの香りが漂う和みの空間です。

「不要・不適・不快」になったら家も手放す

私たち夫婦にとっての「住まい」とは

「はじめに」で、私たち夫婦が沖縄移住を選択したことに少し触れました。厳密にいえば、私の仕事の拠点は東京の賃貸マンション、生活の基盤は沖縄の所有マンションという二重生活に。ただ、これを二重生活と呼ぶには違和感があります。

そのときその場、必要に応じてふさわしい道具（モノ）を使用するかのように、家も必要に応じて移動しているだけのこと。断捨離は、「モノとの関係性」をまず自分に問いかけることから始めます。今、この目の前にあるモノたちは、今の私に、

要……「必要なのか？」
適……「ふさわしいのか？」
快……「心地よいのか？」

を問いかける行為だということは、第1章でもお話ししました。その結果、「不要・不適・不快」と自分自身が判断したならば、潔く手放します。「不要・不適・不快」と「要・適・快」の入れ替え、代謝を促してこそ、私たちの人生はより健康的に機能します。

つまり、以前住み暮らしていた北陸・石川の家も、このような理由で「断捨離」したのです。子どもが巣立ち、夫が事業を引退した今、もはや私たち夫婦の暮らしに合う家ではなくなりました。そうです、家が「不要・不適・不快」になったのです。具体的には、

不要……夫婦ふたりには家が大きすぎること。計5部屋のうち、使っているのは2部屋。使わない部屋があるということは、空間が不要、その家が不要ということ

不適……間取りが合わないこと。2階は主に夫の仕事場だったが、引退した今、その空間が必要なくなった

不快……暖房効率が悪く、室内の温度差が激しいこと。冬は縮み上がるほど寒い

家も、そのときどきの「要・適・快」に合わせるということです。「不要・不適・不快」に縛られて、人生を重たくしたくないですからね。

台所をやわらかくする
キュートな琉球犬

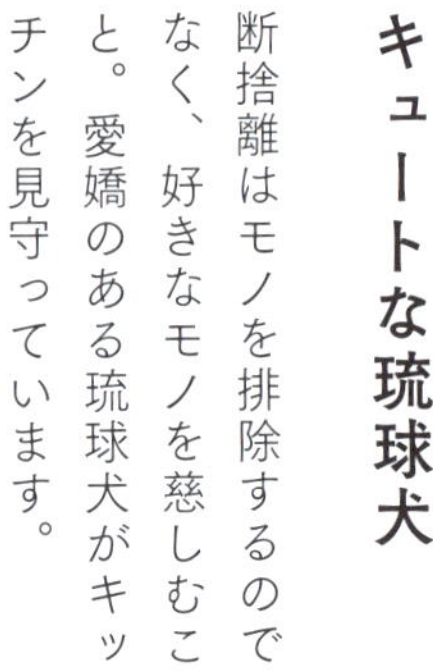

断捨離はモノを排除するのでなく、好きなモノを慈しむこと。愛嬌のある琉球犬がキッチンを見守っています。

私はコレ！

無色透明のボトルで、存在を主張しない食器洗剤兼ハンドソープ。

定年後、どこで暮らすかは自由

「田舎に帰ろう」でなく、「田舎を断捨離しよう」もアリ

「家」について考えを巡らせたら、土地、コミュニティーにも広げて、「要・適・快」と「不要・不適・不快」を考えてみましょう。

たとえば、家は古くて使いづらいけれど、地域のコミュニティーは気に入っていて捨てがたいと思うなら、その場所に留まって家をリフォームしてもいいでしょう。あるいは、同じ地域の中で、小さい家に引っ越すのもいいでしょう。

しかし、たいていの人は、何も考えず、何も決断せず、今住んでいる家にただ住み続けているのです。住み続けることがあたりまえ、とでもいうように。

定年後は、会社に縛られることはありません。突然の転勤もありません。自分が好きなところに住めるチャンスです。

現在、日本全国各地で空き家問題があります。たとえば、田舎にある古い家を思いきっ

て買い、都会と行ったり来たりする生活をするのもおもしろいかもしれません。あるいは、旅行で訪れたよさそうな場所に移り住むのもいいでしょう。各地で移住支援プログラムもあります。選択は自由です。

今住んでいる土地で一生暮らさなければいけないということはなく、「田舎」に帰らなければいけないということもないのです。

私が何より伝えたいこと、それは「もっと自由に生きよう！」ということです。家に縛られずに、土地や地域やコミュニティーに縛られずに。今は自分の手で、「足かせ」を全部はずしていく時代です。

私は結婚した当初、「地方半分、都会半分で暮らすのが私の理想」と夫に話したことがありますが、40年の年月を経た今、ようやくそれが実現したのです。

もともと私は、「縛られたくない」という欲求が強いタイプ。縛られていると感じると、腹立たしく感じたり萎縮したりしてしまいます。40年間の地方暮らしは、そんな欲求を内部にふつふつとためていた時期でもあり、50歳を過ぎてそのマグマが一気に噴き出たカタチです。

醤油さしのミニボトル

「はい、あなたのお醤油」と手渡すと、お客様は喜ばれます。「お醤油とって」で食事や会話が中断されません。

家を小さくするという選択

中身が小さくなったら「器」も小さくする

家族が拡大していく時期と、家族が縮小していく時期。ライフステージに合わせて、家の大きさも変わっていくのはごく自然なことです。

私たちは「増築」という発想はあっても、「減築」という発想をなかなか持つことができません。モノを捨てることでさえ難しいのに、その器である家をダウンサイジングすることなど思いもよらないことがほとんどです。

そんななか、「減築」という発想で転居を決めたある夫婦がいます。

山あいの別荘地の、急な坂を登った場所に建つロッジ風の一戸建て。20年前に子どもが独立してからは、夫婦水入らずの生活です。

妻はモノを捨てたい派、夫は捨てたくない派。衝突は日常茶飯事です。

近々、田舎に住んでいる夫のお母さんを呼び寄せて、3人で住む計画が持ち上がりました。

とはいえ、高齢のお母さんに坂の上り下りはきつく、なおかつ60代後半のご夫婦にとっても坂の上り下りは決してラクではなくなっていました。というわけで、坂の下に家を建てることになりました。

新しい家は、2LDKの小さい家です。広い家を手放し、あえて狭い家に住み替えるのです。

私は冷蔵庫の食品を保管する際、中身の食品が減っていくたびに、大きい容器から小さい容器へと入れ替えていきます。でも、たいていの人は大きい容器のまま。中身の量に合わせて「器」を見直していくことが家でも必要です。

私たちの生活に必要なモノは人それぞれちがうように、「ちょうどよい」家の大きさ、間取りも人それぞれちがいます。このご夫婦は、家族が2人から3人に増えるにもかかわらず、家をダウンサイジングするという選択をしました。子どもが巣立って今までの家が大きすぎたせいもあります。何より「家族3人でちょうどいい家」について考えを巡らせたら、小さくすることに行きついたのです。

引っ越し荷物をダウンサイズする

人生を共にしたいモノを選りすぐる

「家をダウンサイズする」という決断をしたこのご夫婦、いざ引っ越すためには、モノが多すぎます。家の面積や部屋数が減るぶん、荷物も半分以下に減らさなくてはなりません。

これまで住んでいた家は、捨てたい派の奥さまのおかげで、リビングや寝室は一見モノが少なくスッキリしていますが、じつは和室や食器棚、食料庫や物置きにモノが押しこまれていました。

さあ、ここから断捨離です。いいえ、捨てるのではなく、新しい家に持っていくものを選ぶのです。奥さまは食器棚の断捨離、そしてご主人は物置きの〝あるモノ〟の断捨離に四苦八苦していました。

食器棚には、使われていない食器の上に、普段づかいの食器が重ねられ、空間は見るからに窮屈です。

そこで決行したことは、第2章の食器棚の断捨離3ステップにあるように、食器を棚からすべてとり出して、テーブルに並べること。俯瞰してみると、思いのほかためこんでいたことを実感できたようです。

そこから、「要・適・快」センサーに従って食器を選別していきました。「モノが少ないコンパクトライフ」を目指す奥さまは、この作業もスイスイと進みました。

食器棚の隣にサイドボードがあったので、「こういう状態にしましょう」という見本を私がそこにつくって示しました。空間がいかにモノを引き立てるかをイメージしていただくためです。そう、ポイントは、「とり出しやすく、しまいやすく、美しく」。

断捨離は、モノを生かそうという発想です。

次に、ご主人が最後まで腕組みし捨てるべきかと「うーん」と悩んでいたモノは、物置きに積み上げられていた大切な仕事の資料でした。ひとかたまりに束ねられた数十冊を前に、「昔のモノはもういらないでしょ」という奥さまに背中を押されるようにして、一度は断捨離を決意しました。

ところが、ほかのモノの断捨離を進めつつ、あれこれ思いを巡らせているうちに、やはり新しい家に持っていく選択をしたのです。

さて、思い出のモノには2種類あります。

「あのときはよかったな。それに引き換え今は……」と思うモノ
「あのときはよかったな。あのときみたいにまたがんばろう」と思うモノ

ご主人にとってこの資料はどちらでしょうか。
「これは自分の原点。生活してこられたのもこの仕事のおかげで、感謝でしかありません」
と話すご主人の横で、奥さまもうれしそうでした。

ほかのガラクタと一緒にごちゃごちゃと物置きに置かれていたら、大切な資料もガラクタと同じ扱いになってしまいます。そこで、束ねてあったひもを解き、キレイな箱に移し替えて家の中に運び入れたら、宝物です。大事なモノだから、大事なモノとしてちゃんととっておこうとするのは素晴らしいことです。

モノを捨てたければ、外へ出そう

家の中にせっせと「ゴミ置き場」をつくる私たち

私が東京の賃貸マンション暮らしを始めて、いちばんうれしかったこと。それは、「24時間いつでもゴミ出しＯＫ」というサービスが提供されていたことです。日々の暮らしで必ず出る生活ゴミ。どんなにゴミの減量に励んだとしても、ゴミは出ます。そして、ゴミとなった時点で、ただちに自分のもとから外に出したいと思うのが、誰にとっても本音ではないでしょうか。

30年以上にわたる地元・石川の生活では、指定された曜日に、指定されたモノしか出せない制限と不自由さがありました。

自治体のルールに従ったゴミ出しをし、かつ、そのルールを守り守らせる町内会活動も機能しています。ある種、監視下に置かれていたかのような生活を思えば、東京のマンション暮らしは長年の拘束を解かれたような気持ちになったものです。

思えば、私たち人間は、自分の身体に発生するゴミ、要するに排泄物を出すことにも、場所と時間の制限を受けています。

子どものときから、授業の休み時間、仕事の休憩時間といった排泄時間の制限を守りながら、この社会で生きてきました。そう、身体の生理的欲求に少なからず制限を与えながら生きている、不自由な生き物なのです。

同じく不自由なゴミ出しの制限の中で生活している私たち。ゴミ出しの自由を求めて、どんな行動を無意識のうちにとっているでしょうか。

それは、家の中に自分たち専用のゴミ置き場をつくること。そこは手近で、分別の必要さえもなく、もちろん24時間フリー。こんなありがたいゴミ置き場はほかにありません。

その「自由ゴミ出し空間」には、決して、ゴミ置き場という名前はついてはいません。「クローゼット」か「押し入れ」か「納戸」か「ベランダ」か、それとも、子どもが独立したあとの「元子ども部屋」か、そんな名前がついています。

そうなのです。

収納、片づけという名のもとに、本来、家の外に出すべきモノたちが突っこまれ、ためこまれた空間を、私はどれだけ見てきたことでしょう。

もちろんそれらは生ゴミではないけれど、今の生活にかかわりがなくなった「生活ゴミ」であることには変わりありません。そして残念なことに、その「自由ゴミ出し空間」が、キレイに維持管理されていることは、まったくと言っていいほどないのです。

巣立った後の子ども部屋をどうするか

息子の思い出か、暮らしやすさか

独立し親元を離れた子どもの部屋が、すっかり物置き部屋と化している――そんな家をたくさん見てきました。せっかく子どもが里帰りしてきても、かつての自分の部屋に寝る場所はどこにもありません。

ある受講生さんは、空き部屋ができるとすぐそこにモノを押しこめ、ドアを開けられない状態にしてしまうのが癖になっていました。子どもが巣立っていく目前に、「ああ、この部屋もまたそうなるのか」とため息をついたあと、「そんなことがあってはいけない」と奮い立ち、断捨離を始めたそうです。

「どんどん開かずの間をつくっていく自分が怖かった」と言っておられました。

先日訪問した、60代ご夫婦のふたり暮らしのお宅。ダンシャリアンである妻が懸命に断捨離に取り組んだ跡はありますが、いかんせん長年ためこんだあり余るモノの山は切り崩せていません。クローゼットや押し入れに収まりきれず床にはみ出したモノたちが至るところに跋扈していました。

「これは？」

「これ、息子のモノなんです」

「あれは？」

「あれ、息子のモノなんです」

その肝心の息子さんは、すでに立派に成人した大人。独立してこの家には住んでいません。息子のモノ、息子が来たときのモノ、息子のお気に入り……。

「ああ、このお宅は息子さん軸ですね」

と、これまたモノに占領された書斎で過ごす夫に申し上げると、

「そうなんです。妻は息子にやさしくて、夫であるこの私には冷たいんです……」

と笑います。

妻は、息子のモノだから勝手には捨てられないと遠慮しているわけではなく、自分自身がとっておきたいのです。それに踏ん切りをつけるのも自分次第、それをとっておくのも

自分次第です。

空間の暮らしやすさ、すがすがしさを優先するのか。息子への想いを第一にするのか。

選ぶのは自由ですが、いずれにしても、その現状を意識しているか、無自覚なのかは大きなちがいです。

子どもが使わなくなったモノがただ残され、積まれ、あふれていたら、それはもうゴミを通り越して、残骸です。残酷な言い方ではあるけれど、使わなくなったモノは生活の残骸。もっといえば、家は人生の残骸。

残骸化したモノ、残骸化した家——そこにあるのは過去ばかりで、未来がありません。

残骸の中にいると、手足を動かすことが億劫(おっくう)になります。すると、モノはますます残骸化し、空間は淀み、ますます息苦しくなる。そんな残骸暮らしから一刻も早く抜け出しましょうよ。

天井裏と床下収納の悲劇

一度、そこにモノを押しこんだら終わり

「ゴミ置き場」は空き部屋だけとは限りません。

天井裏に不要になったモノを押し上げていませんか？

家にあるモノは、「家の外に出さなければ増えていく一方」だとお話ししましたが、天井裏収納に入れてしまったら、出口が遠くなるばかりです。

いざ出そうと思っても、面倒くさい。面倒くさいから、あきらめる。

そう、一度押し上げたら終わりです。

天井裏は、からっぽにしましょうよ。

床下収納にも同じことがいえます。

備蓄用のペットボトルや食品を入れている人も多いようですが、床下にモノが収まって

「お気に入りのカフェ」はわが家

旅やグルメにわざわざ出かけなくても心身癒される、そんな空間に。

しまったら、視界から消えて、忘れ去られるのがオチです。いざ床下からモノをとり出そうとすると、腰をかがめ、身体に負担のかかる作業となります。

とはいえ、床の上にモノを置いたままにしておくのは論外です。

床という平面にモノが置かれると、とたんに動線が不自由になります。

あるお宅は、キッチンの床に置かれた業務用の醤油が、その裏にある棚の扉を完全にふさいでいました。キッチンはモノであふれているのに、貴重な収納の1つをつぶしてしまっています。

また別のお宅は、床に積まれたカラーボックスが、ベランダに続くドアを背後に隠してしまっています。

　まさしく物置き部屋です。

　思いきって床のカラーボックスとその中身を断捨離したら、ベランダのドアが開き、光や風が注ぎこんで、「ベランダでお茶をする」という新しい習慣も生まれました。

天井は重石
床下は足かせ
床にあるのは障害物

と頭に入れておきましょう。

　こうした「ゴミ置き場化」と「残骸暮らし」から抜け出すためには、とにかく手を動かすことです。1つひとつ目の前のモノから、手をつけ、断捨離していきましょう。

すがすがしい空間は、元気の源

「空間の力」はサプリメントより大きい

あなたの住まいがすがすがしい空間であれば、あなたは毎日すがすがしいサプリメントを摂取していることになります。反対に、もしも住まいが荒み淀んでいれば、あなたは毎日、荒み淀んだサプリメントを摂取していることになります。

断捨離について四六時中考えている私がつくづく思うことは、空間にはすごい力があるということです。

年をとるとサプリメントをとる機会も増えるでしょう。けれど、空間のほうが圧倒的に力のあるサプリメントだといえます。

空間を淀ませ停滞させている中で、どんな優れたサプリメントを飲んでも、差し引きゼロ。空間をすがすがしいものにしたら、そこにいることじたい、毎日いい呼吸をして、サプリメントを飲んでいるのと変わりないのです。

1年、また1年とモノたちのためこみを放置し、1年先また1年先にとモノたちの処分を先延ばしにすれば、健康状態の悪化を家庭にもたらすことになります。

健康状態の悪化とは、ホコリやダニ・カビの増殖といった物理的な身体への作用にとどまりません。鬱々とした気持ちの状態をも招きます。さらに家庭内の人間関係、とくに夫婦関係の悪化をもたらします。私たちの住まいの環境汚染は、まさに家庭生活全般、そこに暮らす自分と家族の人生までも損なっていくのですね。

そんな圧倒的なマイナス空間サプリ（＝毒薬？）に、今飲んでいるカプセルや錠剤サプリがどれだけ対抗できるでしょうか。

これまで仕事をして家にいなかった人が、定年後、やっとうちでゆっくり過ごせるようになったと思ったら、そこが物置きだったという話はいくらでもあります。

さあ、サプリメントを少量で十分に生かすためにも、私たちの過ごす「空間」に立ち返りませんか。

第４章

夫婦の定年

――「主婦を卒業します！」宣言しよう

定年後の夫婦関係は、「家事」で決まる

家事に後ろめたさをもつ女性たち

15年前、私が断捨離をまわりの女性たちに伝えだした当時、そのほとんどが、主婦である自分に自己肯定感を持てずに悩んでいたものです。

片づけても片づけても片づかない家の中で、積んでは崩しのキリのない、むなしい家事を繰り返している自分。夫も子どもも、家族の誰もがそんな自分を認めてはくれないし、何より、自分でもまともに片づけることができないダメな女と思ってしまっている。そんな受講生さんがとても多かったのです。

私は、よくこう思ったものです。夫の「ありがとう」の言葉がひとつでもあれば、ずいぶんと妻の気持ちが和らぐだろうに、と。ただ時代は変わり、家事をめぐる状況も今はだいぶ様変わりをしています。

夫は、夫なりに家事に参加しています。

「自分はできることをしているはずなのに、なぜ妻は不満そうな顔をしているのか？」と思っています。でも妻にしてみれば、十分ではありません。こんなにやることはあるのに、まだまだ足りないと思っています。夫の家事へのスタンスが、どこまでも「手伝い」「ヘルプ」であることに不満なのです。

妻は被害者意識
夫は手伝い意識

どちらにしても、妻も夫も、家事に対して主体的ではないことは同じ。家事は誰のために、何のためにするのかを明確に意識していないのでしょう。

つまり、家事とは「たかが家事」でもなく、「されど家事」でもなく、私たちが生きていくためのもっとも重要な基盤となる行為です。家事とは、自分の命のメンテナンス。年齢も職業も問わず、未婚既婚も問わず、主婦歴も問わず、女性にとっても男性にとっても、それは変わりません。

「名もなき家事」が夫婦関係を壊す

自称、よく手伝いをする夫の過ち

メディアで一時とり上げられた「名もなき家事」という言葉。「料理」「洗濯」「掃除」といった一般的に考えられる家事の範疇（はんちゅう）に入らない家事のことを指すようです。

たとえば、

・玄関の靴を揃える

・カーテンを開ける、閉じる
・トイレットペーパーを補充する
・手ふきタオルを交換する

・花に水をやる

・脱ぎ捨てられた靴下を洗濯かごに放りこむ

家事は生活のメンテナンスですから、本来、厳密にカテゴリー分けできるものではありません。ところが冷蔵庫を開ければ、食品はあたりまえに入っているものと考えている夫は多くいます。

じつは誰か（妻）が調達して入れているという事実に気づかないのです。

ここにあるモノが目の前に来るまでにどういうプロセスをたどったか。

生産の段階から運搬、販売、購入……と流れを俯瞰していくと、どれだけの人がどれだけの思いで携わってきたかが見えてきます。こうした俯瞰力があれば見えてくることは多々あります。

しかしながら、家に帰ったらごはんができていてあたりまえ、トイレがキレイに使えるのはあたりまえ、と思っている人に「気づけ」と要求するのは難しいでしょう。

家事を「ケンカの火種」にしないために

自称「よく手伝いをする」夫も、そんな過ちをおかします。

妻に買い物を頼まれ、買ってきたスーパーの袋をまるごとテーブルにポンと置く。妻は「ありがとう」と言ったあと、こう付け加えなくてはなりません。

「冷蔵庫にしまってくれる？」

家事が途中で終わってしまっていることにイライラします。

できるだけ冷静に伝えようとするものの、つい感情が声色に出てしまい、夫は責められている気分になります。「うるさいなあ」と反発する人もいます。

そんないさかいを避けるため、あるいはあきらめているため、何も言わない妻も多いのですが、結局、最後まで手を動かすのは妻です。こうした「小さなこと」が夫婦関係を壊していくのです。

たかが家事、されど家事。

妻と夫の家事問題をどう解決していったらいいでしょうか。

たとえば家事を時給換算して、経済的な評価基準を与えたとしても、それはかえってむなしいだけです。なぜなら、家事は命を育んでいく基本の仕事であり、金銭的評価でおしまいにできる話ではないのですから。あるいは、ジェンダー論争に置き換えても意味がありません。それが妻と夫の対立の火種となってしまうからです。

家事とは、やらされるものでもなく、やってあげるものでもない。妻も夫も、女性も男性も、もちろん社会全体も、家事仕事に対するマインドを変え、高めていきたい。

断捨離を18年伝えつづけ、主婦の自己肯定感の回復を、微力ながらも担ってきたという自負がある私としては、そう思わずにいられません。

もうこれ以上、家事を間にはさんで、妻と夫が無用なせめぎ合いをすることがないように。ひとりの女性として、ひとりの男性として、リセット&リスタートをしましょう。

そうです、家事は自分を育むためにするのです。

なぜ「温度差」がこんなに大きいのか

たまっていくモノが原因で熟年離婚

雑誌の断捨離企画で、ある相談者さんのお宅にうかがいました。60代の彼女は開口一番、

「今度、離婚することになりました」と話します。

離婚の理由を聞いてみると、こんなふうに答えました。

「夫は、モノをためこみつづけて捨てない人でした。そんなモノたちを見ているうちに、『これ、まるで私だ！』と思ったんです。解放するわけでもなく、始末するわけでもなく、ただそこに放置しておく。自分の姿をそこに見たとたん、ワーッと全部イヤになっちゃったんです」

その感覚、おわかりになるでしょうか。

もちろん、離婚の理由はそれだけではありません。長年の積もり積もった不満があり、そのうえに自分を象徴するかのようなモノを見た——。

お姑さんの介護もひとつのきっかけになったそうです。身体のメンテナンスをする仕事をしていた彼女は、お姑さんの介護にも非常に献身的でした。

ある日、「今日はお義母さん、こんな歌を歌っていたよ」と報告しようとすると、「そんな話は一切聞きたくない」と夫はぴしゃりと遮りました。彼女はグチを言おうとしたわけではなく、明るい報告をしたかっただけなのに。

「私に親の介護をさせておいて、いったい何？」

と絶望感に苛まれたといいます。

誰しも、親が老いていく姿を見るのはつらいものです。愛された息子にとっては特につらいことでしょう。ただしその役目を妻に押しつけ、自分は「見たくない」「聞きたくない」はやはり通用しません。妻だけがすべてを背負うのは理不尽です。

定年後の夫婦がいい形で過ごせるのは、介護問題が片づいてからなのかもしれません。

今日も変わらず、断捨離にハマった妻のグチや不平が私のところに寄せられます。

「私がせっかく思いきって捨てると決めたモノを、主人がもったいないからとっておけ！　と言うんです」

「別に置いておく場所があるのだから、なにも急いで捨てる必要はないじゃないか！と夫が言うんです」

そして、その後に決まってこんな言葉がつづきます。

「あの、しみったれた主人にはうんざりします」

「私の夫、こんなに優柔不断とは思わなかった」

一見、正論と思しき夫の言葉に、理論で対抗しきれなかった妻は、感情を吐露することで鬱憤を晴らそうとします。これは、よくある断捨離バトル。

けれど、ささいな意見の食い違いから、抜き差しならない不穏な空気、やがて、やりきれなさとあきらめが支配する夫婦関係へと進行する可能性があります。

なぜなら、夫と妻のすれ違いは毎日味わう苦い毒薬でもあるし、それを長い年月にわたり何度も繰り返し飲みこまなくてはならないとしたら、夫婦関係をよくしようという互いの気力も体力も萎えきってしまうでしょうから。

寝室

安眠をもたらすためには、何より安心・安全な空間であることが第一。ベッドからの落下の危険、落下物の危険がないことは言うまでもなく、旅情を誘うお気に入りアイテムに囲まれていたら、いい夢が見られそうです。

安心感のある畳ベッド

タモ材のフレームの畳ベッドは、安心感のある低めの30センチ。フチなしの畳は熊本のい草を使用。この上にふとんを敷いて寝ます。

品のある「紅型（びんがた）」のティッシュケース

引き出しの中は、パソコンとリモコンのみ。天板の下に隠れたティッシュのケースは、沖縄の伝統的な型染め「紅型」のもの。

チェストの上に「一時置き」はナシ

ベッドサイドチェストは、ベッドと共に購入。もちろん、掃除がしやすい脚つき家具。チェストの上にこまごまとした日用品は置きません。

定年は、夫婦関係が変わる大チャンス

一度は、「家出覚悟でやり合う」のも重要

結婚して数十年、夫婦で役割分担しながら時を過ごしてきます。定年を機に、その固定化された夫婦関係をリセットするのはたやすいことではありません。

夫の定年退職を機に、「私も主婦を定年退職します」と宣言する妻の話を序章で記しました。

この夫婦は固い信頼関係もありスムーズに役割が移行しましたが、通常、こうした言葉は夫にとって青天の霹靂(へきれき)です。ふたつ返事で了承するはずがありません。

特に亭主関白タイプ、家庭内管理職タイプの夫に対しては、妻は言い出しづらいものです。かといって、不平不満を飲みこんで、夫に口を閉ざしてしまっては、事態は変わりません。「うちはそういうことは言えない夫婦関係なんだ」と認識したうえで、「じゃあ、どうする?」とその先を考えなくてはなりません。

かつて断捨離大賞をとった受講生さんは、考え方のちがう夫と徹底的にぶつかった勇敢な女性です。

彼女の夫は、趣味のモノを集めるだけ集めるコレクターでした。部屋に入りきらず、外に買った倉庫もいっぱいですが、それでも買い続けるタイプです。真空管ラジオ、絵画、クラシックCD全集から縄文土器のかけらまであり、「マンション最上階から土器が発掘された！」と笑い話になるほどです。

断捨離に日々励んでいた彼女は、夫に断捨離の提案をしますが、聞く耳を持ってもらえません。それどころか「断捨離は、僕にはムリな思想だ」とますます頑固になり、不機嫌で口もきかなくなりました。そんな夫に対して、増えていくモノに対して、ストレスはつのるばかり。

それでも、彼女はあきらめませんでした。

時に「なんでわかってくれないの！」と吠え、時に悔し涙を流し、ぶつかりながらも話し合ったのです。

夫の心を動かしたのは、夫の趣味のモノを全肯定し、使っていないモノを預かる「家庭内預かりサービス」というアイデアを提案したことです。こうして夫は徐々に変わっていきました。

妻が自分の人生と向き合い、何かを変えたいと思うとき、夫婦でひと悶着(もんちゃく)あるのは当然です。妻は家出の1つもするくらいの覚悟が必要かもしれません。

そうはせず夫に何も言い出さないのは、要するに、損か得かを考えているのです。これまで我慢しながらも結婚生活を続けてきたのだから、これからもそれを淡々と続けていけばいい、と。「今の生活がおびやかされるよりは、まあマシか」という選択をしながら、人生が過ぎていきます。

人生100年と考えたら、この先30年、40年それが続きます。もしもストレスの根本原因が家の中にあったら、見ないふりをして生きていきますか？　そうやって心を麻痺させて生活していくうちに身体までも病んでしまうことがあるのです。

定年は、夫婦関係を含めて人生と向き合うチャンスです。

意外と見苦しい
コード類のまとめかた

コンセントのまわりにコードがぐしゃぐしゃになった光景は美しくありません。ぴったりサイズのカゴにコードを収めてしまえば解決。

「主婦」は家にふたりいらない

役割分担のポイントは、口も手も出さない

仲良く夫婦ふたりで家事をできれば言うことないのですが、通常、家に主婦（主夫）がふたりいると揉める原因になります。嫁姑問題がこの顕著な例です。

私自身、結婚して姑との同居を通じて、つくづく思ったことがあります。主婦業とは、家事とは、ひとりでは大変な作業。でもふたりでは鬱陶しい。本当は、0・5人分、誰かが助けてくれることがいちばんありがたい、と。

たとえ夫婦でも、一緒に家事をしようと思ったら、縄張り争いになります。

狭い台所に自分の好みでないモノが入ってきたら人間、腹が立つもの。ふきんの使い方、お皿のしまい方、マットの位置……、家事の仕方の違いが気になり出すと、とことん気になります。

穏やかな言葉で相手に伝えようと試みるものの、相手にとってみれば、ダメ出しに過ぎ

ません。ふたりが対等に家事をしようとしても、指示系統がないために混乱をきたすことがあります。

したがって、心がけるべきことは、「相手が家事をしていたら口を出さない」「まかせるところはまかせきる」と腹をくくること。

同じ作業を半々に分担するのではなく、担当分野を決めて、そこはまかせる。

「食器洗いはあなたがやってね」となれば、食器洗いについては口も手も出さない。掃除だったら、「洗面トイレは夫の担当、リビングは妻の担当」と場所別に分けてもいいでしょう。料理だったら、「朝食は夫の担当、昼食は妻の担当」と時間別に分けてもいいでしょう。

「夫の家事」に一言もの申したいとき

「スポンジの泡」について手紙にしたためる

家事分担したら、できるだけ口を出さないことがルールと書きましたが、それでも、どうしても気になることが出てくるかもしれません。言わずにおこう、いや言わないと改善されないし……という場合、どうしたらいいでしょうか。

あるクライアントさんの夫は、食器洗い担当です。きれいに洗ってくれることに不満はないのですが、1つだけ、夫が使い終えたスポンジに洗剤の泡を残しておくことが気になっています。

「スポンジはギューッと絞ってカラカラにして戻しておいてね」

という要望を、彼女は3回伝えたにもかかわらず、夫は改める様子がありません。彼女もそこで引き下がるつもりはないのですが、夫婦ゲンカしたいわけではありません。

夫婦会議の重要な議題は……

一向に直らない「靴下脱ぎっぱなし問題」、今夜はとことん話し合います！

こんな場合のオススメのワザがあります。

「すごく大切な話があるの。聞いてくれる？　ものすごく重大な話なんだけど……」

と神妙な顔で切り出すのです。

夫は「いったい何事だ？　自分は何かしたか？」と不安がよぎり、思わず耳を傾けたところで、おもむろにスポンジの話をするのです。すると、「なんだ、それだけ？」と夫は安心し、妻の言葉をすんなり受けとれます。

「たかがスポンジ」と日常の小さな話にしてしまうから、聞く耳を持ってもらえないのです。「たいしたことない話」として相手に伝えると、「たいしたことないから」と受け流されてしまいます。

ある種、クレーマーへの対応も同じです。ある会社に小さなクレームの電話がかかってきたとき、「大変申し訳ございませんでした。全工場の操業をストップして対応させていただいております」と答えれば、「いや、そこまでしなくても……」と相手の溜飲(りゅういん)は下がります。

ですから、小さなストレスは我慢せず、大きくして伝えましょう。相手が想定している10倍にふくらませてみるのです。

「じつは、重大な相談があります。靴下の脱ぎっぱなしの件で……」

と手紙にしたためてもいいでしょう。

「本当につらくて、切なくて……」

と、おもしろいほど悲劇的に表現してみてはいかがでしょうか。この先、夫婦をやっていくのですから、モリモリ遊び心をとり入れてしまいましょう。

「また靴下、こんなぐちゃぐちゃにして!」とガミガミ言うよりも、はるかに気持ちがいいですよね。小言は相手の反発を引き起こすばかりで、問題解決にはなりません。

定年後は、夫も妻も家事をする

後ろめたさを捨て、「ありがとう」を伝える

「うちの夫、家事をやり始めたら、ちょっと口うるさくなってきたんです。『やかんが黒ずんでたよ』と言ってきたりして……。なんだか責められている気分になります」

と不満を打ち明けるクライアントさん。

定年後、夫は仕事がなくなったぶん、何かで認められたい気持ちがあるのでしょう。「家事をしてるアピール」がところどころで始まるかもしれません。こういうとき、妻は家事に対する日頃の後ろめたい気持ちのせいで、必要以上にかまえてしまいます。ところが、夫は妻を責めたいわけではないですから、後ろめたさを抱く必要はありません。

「ああ、ピカピカにしてくれたの！　ありがとう」

と明るく伝えるだけでいいのです。上手な妻はさらに、

「ああ、キレイになってうれしい。これもお願いできる？」

と、さらに夫を乗せることもできます。

後ろめたい気持ちがあると、ついつい夫と張り合ってしまいます。あるいは、「夫が家事をする」という慣れない事態に、妙に夫に恐縮したり遠慮したりする妻もいます。これも必要ありません。

夫の定年は、主婦も定年。家事分担があたりまえになります。

当然のように、お互いが家事をする。妻にとっては家事分担が減るわけですから、どんどんかかわってもらいましょう。

繰り返しますが、家事は生きていくための基本、命のメンテナンスです。

夫婦共に家事ができると、どちらかが倒れたとしても、共に助け合って強く生きていけます。もし夫が何もできない、何もしない人だった場合、妻が倒れたら家の中がぐちゃぐちゃになりますが、家事をする人だったら、安心して休養できます。

ルンバがのびのび動きまわれる床

ルンバの「掃き掃除」が終わったら、運動を兼ねてワイパーでふき掃除。床にモノを置きがちな人ほど、まず「ルンバが動きまわれる床」を目指しましょう。

家事ができれば、「ひとり」に強くなる

カンタン家事を、自分のためにする

私たちの人生は好む好まざるにかかわらず、ひとりにならされてしまうことがあります。離婚もあるでしょう、死別もあるでしょう、単身赴任もあるでしょう。そのとき、ひとりで生活できるのはやはり家事ができるかできないかにかかってきます。得手、不得手はあるにしても、家事を自分で担うことが大切です。

ずっと家事をしてきた主婦であれば何の問題もないかといえば、そうとも限りません。今までは家族のためにいやいやながらも家事をし、なんとか家の中をまわしてきました。でもひとりになって家族がいなくなったら、自分のための家事を放棄してしまう人も多いのです。料理をしなくなり、ふとんが敷きっぱなしになり、家の中が荒れてきます。

一方で、仕事人間で家事にノータッチだった夫が定年後、家事に目覚めて動きだすということもあります。

ある男性はもともと家事に疎い(うと)タイプ。妻に「カレールーを買ってきて」と頼まれれば、カレーのレトルトパックを買ってくるほどで、

「なんでこんなの買ってくるの！」

「ちゃんと言わないからだ！」

と夫婦ゲンカをしたりしていました。しかし定年退職すると、「男の料理教室」に通い出し、家でも率先して食事づくりや食器洗いをしているそうです。

自ら律して生活するために、家事はとても重要です。「自立のために必要」と言いきることもできますが、私はもっとポジティブに、「ひとりを愉しむために家事をしよう」と呼びかけています。その家事を簡単にするために、まずモノを減らしていきましょう。

モノが少ないと、台所に立つことが苦ではなくなります。

モノが少ないということは、手間が少ないということ。手間が少ないほど、人は「面倒

ください」という気持ちが起こらないもの。

「一汁一菜（いちじゅういっさい）」を提唱する料理家、土井善晴（どいよしはる）さんは、「お椀に鰹節とお味噌を入れてお湯を注げば、おいしい味噌汁ができますよ」と紹介しています。「そこにネギを入れてもいいし、豆腐を入れてもいい。みんな考えすぎなのです」とのこと。

家事を可能な限り「らくちん」なものにして、自分でやる。男性も女性も、簡単な家事をいつまでも自分のために続けることがポイントです。

さあ、スッキリした空間に身を置いて、お気に入りのティーカップでお茶を飲みませんか。自分を丁重に扱い、自分をもてなす――それができれば、ひとり暮らしになっても、孤独にはなりません。ひとりでいる空間、時間を愉しむために、家事をしましょう。

家事の得手・不得手を知っておく

定期的なアウトソーシングもOK

何十年と家事をしてきている主婦であっても、それなりに「家事の得手・不得手」はあるもの。もちろん、「苦手だからやりたくない」なんて言っている暇もなく手を動かしてきた人がほとんどでしょうが、今はアウトソーシングもしやすい時代です。苦手なことまで全部背負いこむ必要はありません。

わが家の場合、妻（つまり私）がほとんど留守のゆえ、夫はひとり暮らしの家事が板についています。夫の家事を1つひとつ見ていきましょう。

「料理はOK」

毎晩「居酒屋やました」のマスターとなって友人たちにふるまうほどで、私が家に戻ったときも、「ごはんできたぞー」と食事を出してくれます。家でも原稿の仕事がたんまりとあるので、とても助かります。

「洗濯もOK」

これは全自動ドラム式洗濯機のおかげ。夫の誕生日に私がプレゼントした最新鋭の家電製品です。ときどき、出し忘れた洗濯ものがシワシワになってドラムの中で干からびていることもありますが、それはご愛嬌。

「片づけはまあまあ」

ただし、モノ離れは得手のよう。潔く何でも捨てるタイプです。いえ、そうでなくては断捨離やましたひでこの夫は務まらないと心得ているのかも。ただ、外に捨てに行くのは面倒らしく、納戸に少々ためこむ傾向にあります。

「掃除〈掃く・ふく・磨く〉は苦手」

これは苦手のようです。だから、アウトソーシング。月に数回、お掃除の業者さんを頼んでホコリと汚れを追放しています。

これからは、いつ自分が単身世帯、ひとり暮らしとなるかわからない時代。年齢、性別、職業を問わず、家事の基本は押さえておく必要があります。なぜなら、生活のベース、仕事のベース、生きていくベースが家事なのですから。その家事をしなやかにこなせるかどうかはとても肝心です。

家事で、生活の差が生まれる。
家事で、人生の差が生まれる。

ぜひ、このことを心に留めておいていただきたいです。

そのうえで、家事が滞(とどこお)り、生活や部屋が荒れてきたと感じたら、業者さんにお願いすることも手です。一度お願いすると、部屋に新鮮な空気が循環し、身体を動かす気力が湧いてくるから不思議です。もちろん定期的にお願いしてもいいでしょう。

「そのつど家事」で流れをつくる

買い物や掃除は、お手軽エクササイズ

定年後はスポーツジムに通おうと計画している人もいるかもしれませんが、もっと身近で手軽な運動方法があります。

ジムに通うより、床をふいたら、床はキレイになって運動にもなり一石二鳥。ランニングマシーンの上を走るより生産的なカロリー消費行動だと思うのですが、どうでしょう。

掃除とはすなわち、掃く、ふく、磨く。

掃除とは、身体家事。掃除とは、運動家事。

そうですね、家がピカピカになり、おまけに体も引き締まるとなれば、こんなおいしいことはありません。

ところが、余計なモノたちがたくさん床の上に置かれていたら、掃除する気は起きないものです。だからこそ、まず断捨離。モノを減らし、床を取り戻し、動きやすい環境をつくりあげることがスタートです。

掃除と並んで、買い物も非常にいい運動になります。定年後は、その日そのときに食べたいものを食べられる時期です。食べたいものを食べるために買い物に行く。スーパー、八百屋、魚屋とハシゴしてもいい。パン屋で焼き立てのパンを食べてもいい。気の置けないなじみの店をみつけてもいい。身体を動かせば、なおさら食事はおいしくなります。

家事のポイントは、「そのつど」すること。食材をためない、洗濯ものをためない、掃除をためない、ゴミをためない。何事もためると、家事の手間と時間がふくらんでいきます。1日3枚の洗濯ものをたたむのと、10日に1度、1日30枚の洗濯ものをたたむのは、どちらがラクですか？

小さな家事を「そのつど」すると、空気に流れが生まれ、また動きたくなります。

ただし、家事をするのが億劫な日、体調が思わしくない日もあるでしょう。そんな日は、休んでもいいし、誰かに頼んでもいい。そうした「家事を休む日」のためにも、日頃からモノを減らし、家事を循環させておくことが肝心です。

定年後は、夫婦別々に好き勝手しよう

「夫婦仲良く」しなくてもいい

定年後は、暮らしがガラリと変わります。毎日出掛けていた夫が毎日家にいるわけですからね。

親子でも友達でもずっと一緒にいると、お互いの小さなことが気になってきます。ずっと同じ空間にいると息がつまってきます。

よって、一緒にいたいときは一緒にいればいい。一緒にいたくないなら、一緒にいなくてもいい。というふうに、夫婦別々に好き勝手をしようではありませんか。「1日の半分くらいは顔を合わせない」という気持ちで、ちょっと距離を置いてつきあうくらいがちょうどよいのではないでしょうか。

お互いに、相手に関心を持たない——これが定年後の夫婦円満の秘訣です。「いつも夫婦仲良く」というのは幻想なのです。

ただ1つ意識しておきたいのは、年齢も若くはないため、お互いの健康には関心を向けておこうということです。孤独死という言葉がありますが、これはひとり暮らしの人だけのものではありません。

寝室は別だったとしても、1日1回は相手の健康を気にかける。普段は夫婦別々に行動していても、病気のときは助け合う。もし相手の健康に一切の関心が持てなくなったら、それはすでに夫婦生活が破綻しているということ。夫婦でいることの意味もなくなってしまいます。

かくいうわが家は、沖縄の家と東京の仕事場の二重生活。始終連絡をとり合っている夫婦ではないですから、何かが起こってもすぐ駆けつけることはできません。その点で、私たち夫婦はみなさんの参考にはなりそうもありませんが、私にとってはちょうどよい距離感だと感じています。

夫の仕事が定年なら、主婦の仕事も定年。定年後はふたりとも自由にそれぞれ生きよう。必要なら助けよう――そんなスタンスが心地よいのではないでしょうか。

寝室クローゼット

大容量のウォークインクローゼットは、どんどん洋服を詰めこんで魔窟（まくつ）にしがち。洋服は「着たい服」だけに絞り、ハンガーの数で「これ以上持たない」と決めます。数を絞りこむほど、おしゃれが愉しくなりますよ。

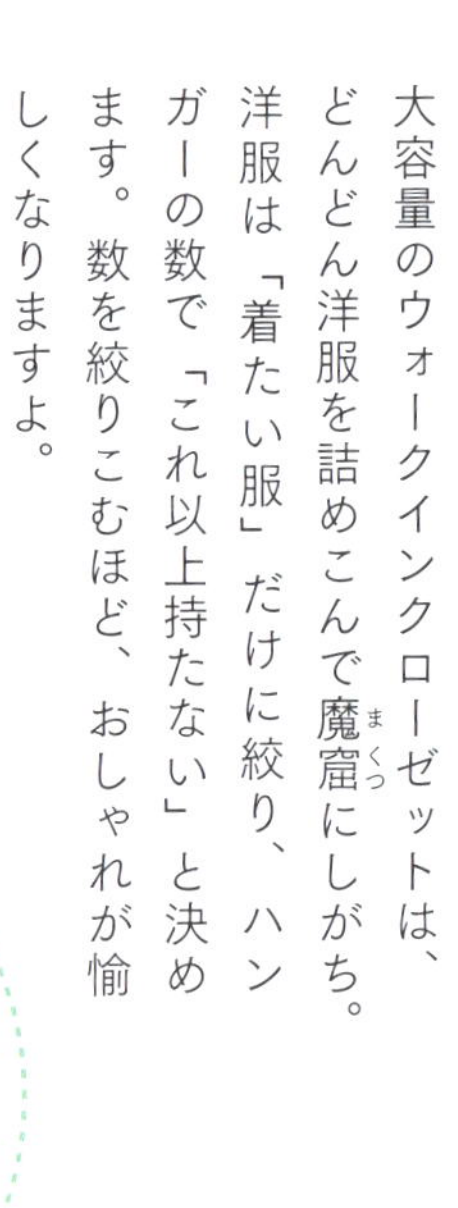

少ない洋服で衣替えいらず

夫の洋服は、トップスだけで現在12枚。半袖も長袖も仲良くパイプに並び、季節ごとの衣替えは必要ありません。

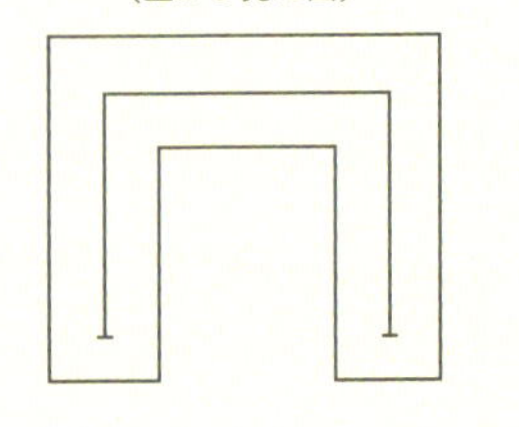

朝起きて、パッと着られる

使い勝手のいい、コの字型クローゼット。右手が夫のスペース、左手が私のスペース。正面中央のパイプは夫婦の「明日着る服コーナー」。

下着は3セットずつ

夫の下着も、私のポリシー（？）に従って、3セットずつ。毎日洗濯すれば、下着もたくさん持たずに済みます。

沖縄スタイルは、カジュアルで

仕事着は東京の仕事場にあるため、ここにはカジュアル服が中心。トップス3枚、パンツ3本、ワンピース1枚。

「離婚しないことが前提」の不幸

子どもを味方につけ、夫を共通の敵に

友人に、全国各地を回ってエネルギッシュに講演活動をしている男性がいます。

ところが彼の妻は、「あなたばかりが家を留守にして出歩いて……」と彼に愚痴を並べ不満をぶつけてくるのだとか。そこで彼が「じゃあ、一緒についてくれば？」と言うと、「ついて行ったら、奥さんとして紹介されるのが面倒だし、いい奥さんとしてふるまわなくてはならないし、そんな大変なこと……」と抵抗してくる。

彼にしてみれば、「じゃあ、いったいどうすればいいんだ！」となります。

また結婚した当初の彼の希望は、家庭を持ったら仲間や後輩たちが家ににぎやかに集う家庭をつくることだったそうですが、妻は、「家が汚れるから誰も呼びたくない」と断固拒否します。そうであれば、彼の足が外に向くのは当然ともいえますが、それも妻は気に入らないのです。

息がつまりそうな夫婦関係に思えますが、お互いに離婚を選択することはありません。妻はいわゆる「ひとりでは生きていけないタイプ」。夫も、妻は「ひとりでは生きていけない」と承知しているため、義務だ責任だと言いながら、結婚生活を続けます。

離婚しないことが大前提になっているのです。こういう夫婦、じつは多いのではないでしょうか。もし離婚しないのであれば、お互いの譲歩や努力が必要になってきます。

精神的に「自立していない妻」が犯しがちなこと、それは夫と子どもを分断することです。夫婦関係がうまくいっていない場合、夫と向き合う代わりに、子どもを味方にとりこみ、夫を共通の敵にするのです。

家族とはチームです。たとえば、バスケットボールをするとしたら、チーム内に多少の不協和音があっても、いざ試合となればチーム一丸となって戦います。1つのチームがあれば、「あいつは気に入らない」「こいつとは合わない」といういざこざはいくらでもあるもの。

したがって夫婦も、夫と妻、男と女という関係が成立しなくなったとしても、家族というチームを壊してはいけない。それが家族の一員として、最低限のマナーだと思うのです。

夫婦は、「受け入れる」から始まる

お皿が割れたら責めあう夫婦、責めあわない夫婦

息子が小さい頃、食卓でこんなことを言いました。

「ねえ母さん、よその家ってお醤油(しょうゆ)がこぼれるとお父さんとお母さんがケンカするんだよ」

なるほど、お父さんがパタンと醤油を倒し、お母さんが「なにやってんのよ！」と文句を言い、「こんなところに置いておくからだ！」とお父さんが応酬する――。私が生まれ育った家はまさに「よその家」のようだったので、その光景がありありと目に浮かびました。

一方、私が嫁いだやました家は、こんな口論は一切起きない家庭だったので、息子も驚いたのでしょう。誰かが醤油を倒しても、家族は「ああ、ごめん、こんなところに置いて……」と口をついて出るはずです。

姑との同居から始まった結婚生活。

ある日、私が買い物から帰ってくると、姑が「ごくろうさん」と言いました。これは、私にとってカルチャーショックでした。

実家では何かをして「ごくろうさん」「おつかれさま」などと言われたことはなかったからです。相手を尊重する気持ちを言葉にする、そんなことがやました家ではごく自然に行われていました。

あるとき、私が大きな古い時計のホコリを掃除機で吸いとっていたところ、時計がドーンと落ちて、ガラスの部分が割れてしまいました。

そんなとき、近くにいた舅と夫が飛んできて、「だいじょうぶか?」と一言。みなが大切にしていた時計だったし、私もかなり大胆な掃除の仕方をしていたため申し訳なく思ったのですが、時計を壊してしまったことを誰も責めたりしません。ただケガがないかといたわってくれたのです。

こうした鷹揚さや寛容さがあるのがやましたの家族でした。

夫婦ゲンカがコミュニケーションになっている夫婦もありますが、やはり長い時間を共有する夫婦は起きたことを「受け入れる」ことで成り立っている部分が少なくありません。

もし夫が慣れない食器洗いをしていたら、手が滑ってお皿を割ってしまうこともあるかもしれません。そういうとき、「なんで割ったの？」と責める人もいますが、お皿を割ろうと思って割ったわけではありませんよね。私も大事にしている器を夫に割られたことがありますが、「ああ割れたか」と思うだけです。

モノにはその人なりの思い入れや価値がありますが、やっぱりモノはモノ。

そのためにお互いを攻撃し、人間関係を壊してしまっては元も子もありません。

イヌはかすがい

定年後の夫婦はペットを飼おう

定年後、家でゴロゴロする夫を見て、息子と共にある画策をしました。

「お父さんに内緒で犬を買ってこよう」

もともと犬好きだった夫に突然、「ハイ、どうぞ」と、生後1か月のヨークシャーテリアをプレゼントしたのです。早速その子に「サンディ」と名づけた夫は、四六時中、「サンディ！」と呼びかけ、瞬く間に生活が「ペット軸」となりました。朝夕散歩に出かけ、便秘になったら心配をし、顔色が悪いと獣医さんに駆けこむ。「サンディちゃんのお父さん」などと呼ばれ、まんざらでもない様子です。


この愛犬サンディのパワーには、驚かされるばかり。まったく、この小さな命の存在にはかないません。何も計らうことなく、その存在そのもので、まわりを癒し元気づけることをやってのけてしまうのですからね。

夫と私、ふたりで愛犬との暮らし方の小冊子を熟読していると、「愛犬と幸せに暮らすために守りたい10の約束」のページではたと手が止まりました。

1. 一生面倒を見る
2. 愛犬の気持ちを理解する
3. しつけをする
4. 毎日ほめる
5. 体罰〈暴力〉はしない
6. 安心できる環境をつくる
7. 体調を気づかう
8. 愛犬の好き嫌いを知る
9. 愛情をもちつづける
10. 1日1日を大切に思い出を刻む

これを読んで、まさに夫婦のパートナーシップのレクチャーだということに気づきませんか。

ドッグイヤーを過ごす寿命の短い存在である犬と、長くつきあっていく夫婦では一緒くたにはできませんが、示唆(しさ)に富んだフレーズがここにはあります。

私たちは、ペットには素直になれても、夫には、妻には、なかなか素直になれず、愛情表現ができません。また、人の結婚生活は長くて複雑であり、心は移ろうものでもあります。だからこそ、この「10の約束」を、ときどき読み返してみるのも悪くありませんね。

リビングクローゼット

このワイドなクローゼット、一番左が愛犬サンディのスペース。中央は、普段バッグの待機場所、右は上着掛け。お客様の上着もここであずかります。

愛犬の必需品が勢揃い

クローゼットの上段に、ドッグフード、散歩アイテム、おむつまでペットアイテムが勢ぞろい。

外出着＋ペット用品で散歩スタイルがすぐに！

夜は扉を閉めて愛犬サンディの「個室」に。カゴにふとんを敷いた「ベッド」でおやすみなさい………。

第５章

移住のススメ

――「さあ定年だ。どこに住もう？」もアリ

降ってわいた沖縄移住計画

トントン拍子のつもりが、思わぬ展開に

2年前の冬、雪深い石川県小松市の家に帰ったときのこと。開口一番、夫がこうつぶやきました。

「寒いなあ。寒いのはもうイヤだなあ。あったかい沖縄あたりに住みたいもんだ」

北陸の冬は、厳しいというより、やりきれない寒さです。特に、家の中の寒さといったら、ストーブをどんなに焚いても効果なし。家の外が寒いのは仕方がないとあきらめもつくのですが。

東京生まれ東京育ちの私が、結婚を機に北陸に暮らすようになって数十年が過ぎました。この数年は、東京の仕事場の根城マンションの気密性の高い生活も体験していて、隙間風だらけの北陸の家の寒さは、なおさら身に堪えます。

「わかるよ、その気持ち。ならば沖縄に行こうよ。沖縄で暮らそうよ。移住しようよ」

そう答えた私は、すぐさまネットで那覇の物件を検索。建築中の目ぼしいマンションをみつけ、嬉々として夫に報告しました。すると、夫はなんと答えたでしょうか。

「時期尚早だ」

これからどんどん年をとっていくばかりなのに、「時期尚早」も何もあるでしょうか。今動かずして、いつ動くのでしょうか。

「ひとまず、旅行がてら見に行かない？　沖縄に」

こんなふうに始まった沖縄移住計画。夫がふと漏らした一言がきっかけではありますが、じつは私にとっては渡りに船。「新しい場所で、新しい生活を始める」そんな計画を前から目論んでいたのですから。

そもそも夫は、本気で移住を考えていたわけではありません。

その言葉は、「寒い石川県でひとりがんばっているよ」のアピールだったのです。私はすぐさまその真意をキャッチしましたが、あえて〝スルー〟して、移住の準備にとりかかりました。

その週末、私たちは那覇にいました。建築中のマンションのモデルルームを見学するためです。亜熱帯気候の心地よい風を浴びると、夫も移住への気分が高まったようです。

「決めた！」

ほぼ即決で、新築マンションを購入することになりました。

問題はここからです。「11月竣工予定」と書かれていたため、私たちは約半年後の引っ越し計画を思い描いていました。ところが実際は、その翌年の「11月竣工予定」だったのです。「あれ、来年かあ」と夫婦ふたりで拍子抜けし、思わぬモラトリアムの期間が生まれたのです。

これが、移住へのよき助走期間となりました。根なし草の私は移住に対して何の抵抗もないのですが、夫にとっては大きな挑戦です。夫は一時期東京に出たことがあるものの、生まれてから60数年間、小松で暮らしてきたわけですから。

自然の近くか、都市部か

「海を見ながら悠々自適」は3日で飽きる

移住という言葉を聞くと、「あたたかいところでのんびり暮らしたい」「自然に囲まれた場所で暮らしたい」と思い描く人も多いのではないでしょうか。それに加え、あまり生活費のかからない東南アジアを移住先に選択する人も多くいます。

私も実際、自然が美しく人びとのあたたかいタイやマレーシアへの移住に憧れたこともありますが、旅行するのとはわけがちがいます。外国への移住は、言葉や文化の壁という課題がつきものです。

ところが、ひょんなことから決まった沖縄移住では、こうした壁をいつの間にかクリアしていました。日本国内ですから、言葉には困りません。なおかつ、日本でありながら、異国情緒にあふれています。

日本の始祖は、イザナミとイザナギから生まれた天照大神（あまてらすおおみかみ）ですが、一方の沖縄、琉球王国は、アマミチューとシルミチューというふたりの神様が始祖とされています。神様がちがう文化圏であるという事実に心が浮き立ちました。

「沖縄といえば海」ということで、最初は海辺のマンションも選択肢の1つでした。ところがよくよく考えてみると、私は3日も海を見ていれば飽きてしまうタイプ。海を恋しいと感じることもありますが、それは多忙な生活のなかでたまに訪れるから。「毎日、大海原に潜ってサザエをとって食べたい」という人にはもってこいですが、毎日レジャー、毎日アウトドアの生活は、私にはできません。

そこで、「海辺よりも都市に住みたい」と思い、那覇市中心部から程近い、首里城周辺が候補地となりました。そこには琉球王国の名残を色濃く残す文化と歴史があります。そこに住むことになれば、新しく文化や歴史を学ぶ愉しみができます。

こうして移住後の生活を具体的にシミュレーションしてみることは、移住場所の決め手になります。

ところで、この沖縄移住計画を那覇に暮らす友人に伝えると、こんなうれしい言葉が返ってきました。

「めんそーれ」

ようこそ、という沖縄の言葉ですね。

さらに、この計画性ゼロの移住は、沖縄の言葉で、まさに「なんくるないさー」と言えます。ただし、この「なんくるないさ」は、もともとは「なんとかなるさ」というお気楽なものではないようです。もともと、「まくとぅそーけーなんくるないさ」という言葉であり、

「まくとそーけー」＝「人として正しい行いをしていれば」

「なんくるないさ」＝「自然とあるべき様になる」

つまり、「ひたすら正しい道を歩む努力をすれば、いつかきっと報われることがやって来る」ということらしいのです。まさに、私が断捨離と向き合って日々感じてきたこと。ご縁をしみじみ感じる言葉となりました。

家を買って、退路を断つ

自分たちの暮らしを1からつくる

マンションを購入したと言うと、

「なぜ賃貸にしなかったんですか？」

と聞かれることがあります。賃貸マンションは分譲マンションより少ない元手で手に入り、時期も選べ、拘束力もないですからね。

家を買うことは、非常に大きな決断です。私たちは即断即決ではありましたが、やはりそれなりの勇気と決意なくしてできることではありません。

だからこそ、私たちは家を買いました。そのことが、移住しようという気持ちを後押しし、退路を断ってくれるのです。賃貸マンションだったら、もしかすると「気分が変わったから、やーめた！」と言って移住をとりやめていたかもしれません。

仮に将来、この分譲マンションを手放すことがあっても、多少金額的には損をするかもしれませんが、「住んでいる期間の家賃を払った」と割り切ることもできます。

そしてもう1つ、建築中のマンションを買ったことにも意味があります。それは、間取りから自分たちの暮らしをつくるということ。何もないところから、1からつくり上げることは、未来への大きな希望となり愉しみとなります。

家を買うことは、たしかに経済的な負担はあります。私も貯金がすっからかんになるほど、つぎこんだのは事実です。

ただし、これは負担ではなく、投資と考えています。投資は「未来」です。過去の住まいを手放し、未来を生きていく家を持つ。この投資で、この先の20年、30年が大きくちがってくるのはまちがいありません。

広いリビングと大きなテーブルがあればいい

勉強も、趣味も、宴会もここで

私のモノ選びの基本は、「一器多用」。いえ、モノだけでなく、空間も「一間多用」。昔の家は、居間、台所、食堂、寝室、応接室……と用途ごとに仕切られていましたが、今はその必要はありません。

新しい家は、3つの部屋の壁をぶち抜いて、1つのリビングルームにしました。60歳を超えたふたりだけの生活ですから、リビングと寝室があれば十分。

お掃除ロボットのルンバがのびのびと動きまわれる床があり、そこにモノがないこと、これが私の条件です。最近は、お掃除ロボットの弟分もやってきて、フローリングのふき掃除を黙々と担当してくれています。掃除の手間と心の負担を大幅に減らしてくれるありがたい存在。

掃除の基本は、掃く、ふく、磨く。残る「磨く」は、自分の手でしています。

そんな約20畳のリビングには、大きなタモ材のテーブルを置きました。テーブルがドーンと大きいだけで、豊かな気持ちになれます。

この大きなテーブルが1つあれば、なんでもできます。ここで勉強し、趣味のことをし、食卓にもなります。大勢集まってわいわいするのにも最適。テーブルの脚の向きを替えることで高さ調整ができるため、テーブルをぐーっと低くして床にペタッと座るのも気分がいいものです。

サイドテーブルはキャスター付きのため、パソコン台にしたり、鍋物用の鍋を置いたりするのにも重宝しています。

大きなテーブルはあらゆる用途を一手に引き受けるため、「場面の切り替え」を意識して行う必要があります。よって、テーブル上にあるものは、「今使っているモノ」に限定。そのつど、そのつど片づれば、テーブルの上はいつでもキレイに保たれます。

用途に合わせると、道具を無限に持たなければなりません。包丁一本でどんな素材でも切り刻むことができるはずですが、玉ねぎスライス器を買って、結局うまく使いこなせないように。洗ったり保管したり探したりする手間も生まれますからね。

リビングテーブル

茶道の「見立て」のように、モノも空間も「一器多用」が私のポリシーです。モノは、ライフスタイルに合わせて自分流に使うからこそおもしろい。そんな遊び甲斐のあるリビングダイニングテーブルです。

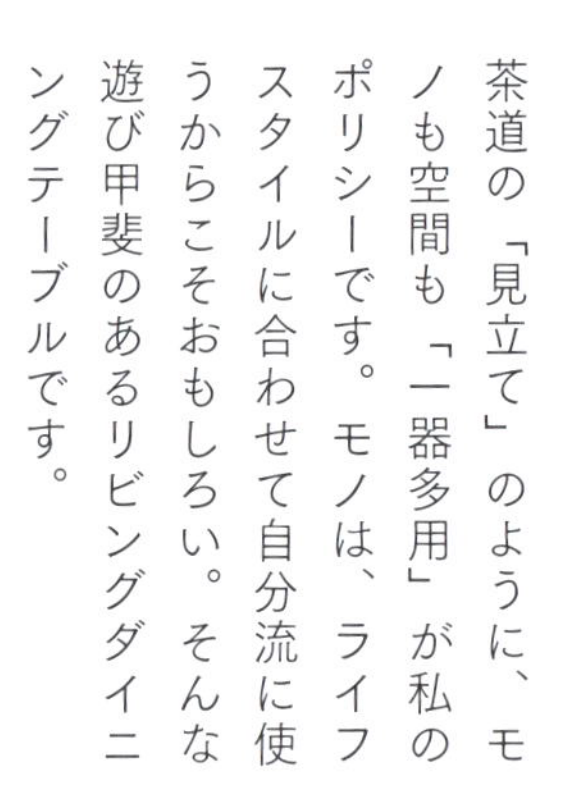

テレビ台をベンチにすれば

大テーブルにテレビ台を合わせると、ちょうどよい高さのベンチに。来客時にかぎらず、自分の気分を一新するため、ときどき模様替えしています。

いつものリビング

シーサーが鎮座してこちらを見守っているテレビ台は、遠く広がる景色を背負って窓際に。ほとんど見ないテレビは、あくまで空間のオブジェとして。

脚を横にすると……

テーブルは、脚を立てれば通常の高さに、脚を寝かせればぐっと沈みます。座布団をぽんぽんと並べれば、よりくつろいだ雰囲気に。空も大きく見えます。

理想と現実のちがいも愉しむ

台風のため、ベランダデッキを断念

私の部屋選びの第一条件は、眺望がいいこと。大きなテラス窓からは、首里城城下に広がる家々や遠くの山々が見え、海が街の向こうに広がっていることを想像させます。

いつもこの景色を見ていたい――そんな願いから、標準装備だったベランダの物干し竿はスッキリ取っ払いました。せっかくの景色をベランダの洗濯ものに邪魔されたくありません。

洗濯ものは、浴室乾燥機で乾かしています。そんなお金のもったいないことをと思う人もいるかもしれませんが、これこそが「感情コスト」です。コストとは金銭的なものに限らないということは、46ページに記したとおりです。

毎日、ベランダの洗濯ものを見ることの鬱陶しさを考えたら、ぜひとも浴室乾燥機にお金を使いたいところ。まして、雨の日に室内に洗濯ものをぶら下げることなど、私には耐えられません。部屋干しは生乾きのニオイも発生しやすいですからね。

浴室のドアを透明にしたのも、「景色」を優先したからです。第一希望だった透明の引き戸はかないませんでしたが。仕切りを透明にすると、空間がグーンと広くなります。こうした心理的な欲求、不満、問題を解消するために、そこにお金を使うのです。

ところで、家の「細部」については、当初描いていたものと現実がちがうことが多々ありました。こちらの要望が建築業者の側に受け入れられなかった件もありますし、こちらの見通しが甘かった件もあります。沖縄から遠く離れたところに住んでいた身、建築中の部屋を逐一チェックするわけにはいきませんからね。

たとえば、ベランダの床をタイル張りにしたいという希望がありましたが、「ベランダはマンションの共有部分のためできません」と断られてしまいます。そこで、「ウッドデッキを敷いてほしい」と伝えると、「台風で飛びますよ」とあっさり却下され、あきらめることに。

ほかに、エアコンの配管口の位置が気になったり、太い梁が思いのほか目立ったり、ということもありました。

ただし、こうしたギャップはしばしば起こること。

まして「移住」となると、住む家も生活環境も「思いどおりにはいかないもの」と心得ておくのに越したことはありません。

日本は概して、家は新しいほど価値があり、買ったら終わりという風潮があります。一方アメリカなどでは、中古住宅を買ってコツコツとリフォームし、自分たち仕様に仕上げていきます。そんなわけで、私は今、「よし、自分好みの家をつくっていくぞ」と意気込んでいるところです。

サイドテーブルはキャスター付きを

移動できる丸テーブルは、使い道も自由自在。ソファの横で、大テーブルの横で、時にはキッチンで、「ちょい置き」も可能なかわいい存在です。

壁の絵と景色のハーモニー

ソファの上の絵は、旅先のホテルのオークションで出会った、ニセコ・羊蹄山が描かれた絵。空間に沖縄と北海道が同居するのも一興。

守護神、シーサーを買う

意気投合した目利きの女店主

観光客でにぎわう那覇・国際通りから少しばかり離れたところにある壺屋(つぼや)やちむん通り。ここには、300年の伝統を誇る壺屋陶器を扱うお店が並んでいます。その一角、店頭の迫力あるシーサーの墨絵に心惹かれて入ったお店の女店主さんとすっかり意気投合しました。旅行や出張のたびにお店に寄っては、断捨離談義に花を咲かせていました。

「モノはかわいがってもらえるところに行けばいい」と、40年前からお店にあった壺屋三人衆仁王作の名器を、あっさりと、しかもありえないほど安い値段で譲ってくれた、気風のよい女店主さんです。

さて、このたび沖縄移住したご挨拶と、守護神であるシーサーの購入のためにお店を訪れました。沖縄の人たちにとってシーサーは、外からの「魔」の侵入をしっかりと防いでくれる大切な存在です。

ちょうど、若いシーサー作家の男性が女店主さんに熱血指導を受けている場面に遭遇しました。1年前、持ちこんだ作品を全部断られた彼は、そのリベンジのために再訪したとのこと。女店主さんは、「前よりずっとよくなった」とは言うものの、手厳しく指摘します。足の爪の長さ、脚の開き具合、目の位置、目の玉の開け方、身体の軸のズレ……何より作品づくりの姿勢についても、女店主さんの目はごまかしが一切利きません。

その容赦のなさは私に対しても同じでした。

「このシーサーがほしい」

「ダメ」

「じゃあ、これは？」

「やめとけ」

「もっと大きいほうがいいかしら」

「大きさに価値はない」

と、まったく商売っ気なし。結局、予算の半分以下の店主推薦のシーサーに落ち着き、私の沖縄の新居の御守りとなったのです（223ページ参照）。

入口はシーサーで魔の「断」と来たら、出口は捨てる行動で厄災を「捨」ですね。

「食」で暮らしを愉しむ

その土地の気候風土も味わい

移住先で家探しをするとき、近所にどんな店があるかは重視したいポイントです。

私が日頃から考えていたその第一条件は、おいしいパン屋さんが近くにあること。

朝、近所のパン屋さんに焼き立てのパンを買いに行く習慣ができたら、とても気分よく起きられそうです。

夫が挙げた第一条件は、気の置けない主人がいる居酒屋さんがあること。

日が沈んだ頃、ふらっと居酒屋さんへ出向いて、お店のおばちゃんと1日の出来事を話しながら食事をする。

どうでしょう、これでめでたく朝ごはんと晩ごはんの用意ができましたね。「食生活はなんとかなる」と思うだけで、移住後の生活が愉しみになります。

元・地元である北陸石川は、香箱蟹(こうばこがに)、のどぐろ、寒鰤(かんぶり)、能登牡蠣(のとがき)……と新鮮な海産物が満載でしたが、高級過ぎてあまり縁のなかったものばかり。でも、これからは庶民的な豚中心の食事にシフトします。

たとえば、ある日の夕食はこんなメニューで。

ジューシー（沖縄炊きこみごはん）
アーサ汁（アオサなどの海藻が入った汁）
ジーマミー豆腐（ジーマミーとはピーナッツのこと）
麸(ふ)チャンプルー
島らっきょうの天ぷら

なんであれ、どんな料理も地元で、その土地で食べてこそ。気候天候、風土がその食のエネルギーを高めるのですから。もちろん、背景にある文化伝統も味わいのうち。

そう、食の滋養は、カロリーやビタミン・ミネラルといった数字や栄養素だけではないことを覚えておかなくてはいけません。

各地の器を一堂に集めて

見ているだけでうっとりする食器棚

「しまいやすく、とり出しやすく、美しく」。これが食器棚をはじめとする収納のルールだとお話ししましたが、「日用品がすべてオブジェであること」も私のポリシーです。

わが家の食器棚に並ぶ器は、琉球ガラスに小樽のうすはり、九谷焼に輪島塗、タイのチェンマイセラドンと、日本列島南から北、さらに外国と、出身地はさまざま。器に目がない私が旅先で一目惚れし、手を伸ばしたモノばかりです。

見ているだけでうっとりする美しい器たちですが、ただ飾っているだけでなく、すべて日常づかいです。「もったいないからしまっておく」は、断捨離流ではありません。「しまっておくなんてもったいない」ですからね。

お客さんにとびきりの器でもてなす。自分にとびきりの器でもてなす。どちらも考え方は同じです。

私の愛する器の中で、ユニークな経緯で手元にやってきたあるモノを紹介します。

それは、九谷焼の赤いお皿。出張先のアメリカ・シアトルの骨董市で、使い古され、汚れ煤けたそのお皿4枚組をみつけました。裏には「九谷加藤造」とあります。聞けば、戦前の日本からの移民、日系一世が持ちこんだものらしく、バザー品として提供されていたのです。

ああ、はるか昔、どんな思いで移民一世は、この九谷のお皿と共にシアトルへ船で渡って来たのでしょう。

たちまちその朱の地色と金箔の龍の文様に惚れこみ買い求めたのですが、もしこの品が日本の骨董市にあったなら、おそらく桁がひとつ違ったことでしょう。4枚でわずか7ドル。日本円にすると、1枚あたり200円にも満たない額でしたから。

お皿にこびりついていた汚れを見れば、どれだけ長い間使われることなく、しまいこまれていたかがわかります。その後、受け継いだ人たちのライフスタイルにも合わなかったと見え、まさに死蔵品と化していたのでしょう。

そのお皿が私と共に日本に帰ることに。太平洋を9時間半のフライトでひとっ飛び、割れることもなく、無事東京の仕事場に到着したのです。

にぎやかな九谷焼の盃(さかずき)

形も色合いも個性的な九谷焼の盃たち。大切に飾っておきたいところですが、どんどん日常づかいします。

リビング食器棚

リビングのガラスボード 見える収納は5割に

断捨離では、空間に対してモノの量が「7・5・1」の法則があります。「見えない収納」は7割、「見える収納」は5割、「見せる収納」は1割を意識して収めています。

お重も「一器多用」が愉しい

越前の重箱は、お正月と運動会の特別仕様ではなく、普段づかい。サラダや煮物を盛りつけたりと大皿代わりに使います。

大自然から生まれた「サンゴ染め」

サンゴの断面を型にして模様をつける「サンゴ染め」の手ぬぐい。サンゴ染め体験もできるお店「首里琉染」で購入。

閉まっていると…

タイに行くたびに連れて帰ります

タイのチェンマイセラドンは重量感があり、ラフテーやチャンプルーにぴったり。パスタ皿、カレー皿としても重宝しています。

ぬくもりのある味わいが魅力

那覇の壺屋やちむん通りは、壺屋焼のお店がずらり。シーサーを購入したなじみのお店では、立ち寄るたびに買ってしまうほど。

どんな料理にも合う、こちらの器も壺屋焼。

水もおいしくなる琉球グラス

那覇・国際通りのお店で出会った琉球グラスのワイングラス。ユニークなボディがお客様からも好評です。

高級割り箸でおもてなし

サンゴ染めの敷き物の隣には、お客様用の割り箸。お客様は、大皿料理と「高級割り箸」でもてなします。

私は、丁寧に汚れを落とし、ピカピカに磨き上げました。こうして、まるで息を吹き返したかのような九谷のお皿たちは、その購入ストーリーと共に自慢の逸品となったのです。モノとの関係はなんともおもしろいですね。いずれ沖縄の食器棚に迎えてあげるつもりです。

モノを「生かす」のも「死なせてしまう」のも、私たち次第。今、存分に使いこみ、関係が終われば、なんらかの方法で始末をつける。おわかりですよね、断捨離には「死蔵品」というカテゴリーはないのです。

さて、今日もひとつでも余計なモノを断捨離して、モノをより生かしてあげてください。

琉球漆を さらにつややかに

螺鈿（らでん）のアクセントが効いた琉球漆（うるし）のお皿。漆はお手入れするほど光沢が増し、長持ちします。

九谷焼を購入した際についてきた漆専用の手入れ布で、
１枚１枚磨くうっとりタイム。

「そのうちに」はやって来ない

移住を決意すると、「未来」を語り始めた

夫が沖縄移住を「時期尚早」と言ったことを記しましたが、いざ話が具体的に進みだすと腰が引けて行動に移せなくなるのは、私たちのありがちな癖(くせ)です。

移住であれ何であれ、「できない理由」は数え上げたらキリがないほど湧いてきます。その逆、「できる理由」は、なかなか数え上げようとしないもの。

「いつか」「そのうち」という言葉には、「できない理由」がいっぱい潜んでいます。対する「今」「ここ」という言葉には、「できる理由」が隠れています。どちらに焦点を当てるかなのですね。

人生とは、見切り発車の連続。

準備が完璧に整ってから、などと思っていると、旅立ちの機会を逃してしまいます。そう、完璧なんていうものは幻想。「用意周到」「備えあれば憂いなし」という言葉がありますが、どこまで用意し準備したら十分といえるのでしょう。人生とは、エイッと見切り発

車をしてこそ、ダイナミックに展開していくものなのです。

気心の知れた仲間と夜な夜な集い、昔話で盛り上がる——地元・小松でこんな生活を繰り返してきた夫ですが、「沖縄移住」が決まると、ある変化が訪れました。

ひたすら「過去」だった目線が、未来に向き出したのです。

「愛犬とどう暮らすか」から始まり、「何か楽器でもやってみようかな。やっぱり三線（さんしん）かな」などと語り出すまでに。同じ場所に留まっていたら、そんな発想はまず生まれなかったでしょう。これだけで、この移住計画には価値があったと思いました。

友人関係にも変化がありました。小松では、夫のもとに仲間が集まってくることが多く、自らアプローチをする人ではありませんでした。ところが私が帰宅すると、夫が友人にせっせと電話をかけています。「おや、珍しい」と思って夫にたずねると、「もう沖縄に行くから、自分がやりたいことがあったら、自分から誘うようにしようと思っている」とのこと。目覚ましい変化です。

まあ、妻の私があちらこちらに飛び回っているので、沖縄でひとり放っておかれるという覚悟もあるのでしょう。それは「過去」と別れ、「未来」を生きるための第一歩を踏み出した姿でした。

移住は大正解。でも「終の棲家」ではない

モノが少なければ、いつだって動ける

新しく「里」となった沖縄と東京の仕事場との行ったり来たりの生活が始まり、10か月が経ちました。まあ、「里」といっても、そこにいるのは夫と犬1匹だけ。家族が縮小していくなかで選択した沖縄移住は、モノも断捨離し、家も断捨離しての決断です。

とはいえ、選択決断と言えるほど夫婦で熟考したわけではなく、「寒いのはもうごめんだ、とにかく暖かいところへ、いざ」といった行き当たりばったり思考と無鉄砲な行動の挙句のこと。この結果がこれからどう出るかは、それこそやってみなくてはわかりません。

「まあ、どうなろうと、それはそれでそのときにまた考えればいいか」

という夫婦共のお気楽気質のなせるわざでもあります。

したがって、移住をしたからといって定住する意識もなく、ましてや、ここが「終の棲家」などと思ってもいないのです。「また、どこかに行けばいい」という感覚があります。

では、なぜ私たちがこんなお気楽、楽観的でいられるかといえば、やはり持っているモノたち、抱えこんでいるコトたち、かかわっている人たちが少ないからでしょう。

なかでも、まず、家族が少ない。そして、しがらみのある縁者が少ないということは、心理的な抵抗なく移住できた大きな要素でもあります。少子高齢化時代の別の側面、1つの恩恵だと思いたくもなるほどです。

移住して、つくづく思うことがあります。

それは、生活を複雑にしてはいけないということ。人生を悩みの宝庫にしてはいけないということ。

私たちは「あれも、これも」と欲がふくらみます。そして「あれもない、これもない」と不足を並べ、さらに「ああしてくれない、こうしてもらえない」と不満をためこみます。

けれども、とても寒いときに暖かく過ごせたら、とても暑いときに涼しく過ごせたら、私たちは幸せな気持ちでいられるのですね。さらに、おいしいものを食べて、好きな人と一緒に過ごせるなら、言うことありません。それにしても、おもしろいことも、戸惑うことも、うれしいことも、おかしなことも、「そうか、ここは沖縄なんだ、東京ではない」ですべて片がついていきます。移住とは、そういうものなんですね。

おわりに――断捨離、あなたのための三重奏

モノが減ると、心が潤う。
モノが減ると、家事も減る。
モノを減らして、愉快に生きる。

これで、断捨離「モノが減る」三部作のできあがり！

けれど、三部作というよりは、「三重奏」だと私は思うのです。

多すぎるモノたちを減らしていくと、余計なモノたちが減っていくと、心が軽やかになって、暮らしが楽になって、人生が愉しくなる。

断捨離とは、自分の人生を愉快に奏でるための演奏法。

演奏だから、とにかく弾いてみないことには始まらない。楽譜をなぞるだけでは音は出ないですものね。

断捨離とは、とりもなおさず行動すること。モノを減らす、つまり、あなた自身が、あなたの大切なモノを選び抜いていく。

そんな行動を積み重ねながら、住まいという空間を、あなたが、あなたのために居心地よく、暮らしという時間を、あなたが、あなたのためにクリエイトしていく。

それが、断捨離であることを、どうぞ、いつも心にとめておいてくださいますように。

あなたと私の演奏が美しく、この世界に鳴り響くことを希(ねが)いながら。

やましたひでこ

やましたひでこ

一般財団法人　断捨離®代表。東京都出身。早稲田大学文学部卒。学生時代に出逢ったヨガの行法哲学「断行・捨行・離行」に着想を得た「断捨離」を日常の「片付け」に落とし込み、誰もが実践可能な自己探訪のメソッドを構築。断捨離は、思考の新陳代謝をうながす発想の転換法でもある。処女作『断捨離』に続く、『俯瞰力』『自在力』（いずれもマガジンハウス）の三部作をはじめ、著作・監修含めた関連書籍は国内累計400万部を超えるミリオンセラーになる。
最新刊『1日5分からの断捨離』が話題！近著には『捨てる。引き算する勇気』（幻冬舎）、『心を洗う断捨離と空海』（かざひの文庫）、『人生を変える断捨離』（ダイヤモンド社）などがある。また、『モノが減ると心は潤う　簡単「断捨離」生活』『モノが減ると、家事も減る　家事の断捨離』（ともに大和書房）はロングセラーに。台湾・中国でもベストセラーを記録中である。

■ やましたひでこ公式ＨＰ「断捨離」
日々是ごきげん　今からここからスタート　http://www.yamashitahideko.com/
■ やましたひでこオフィシャルブログ「断捨離」
断捨離で日々是ごきげんに生きる知恵　http://ameblo.jp/danshariblog/
■ 断捨離オフィシャルfacebookページ　http://www.facebook.com/dansharist
■ やましたひでこ断捨離塾　http://123direct.jp/tracking/cr/8PzEawdw/285341/16306410

定年後の断捨離　モノを減らして、愉快に生きる

2018年11月1日　第1刷発行
2022年4月15日　第6刷発行

著者　やましたひでこ
発行者　佐藤　靖
発行所　大和書房
東京都文京区関口１－３３－４
電話０３（３２０３）４５１１

デザイン　吉村亮　望月春花（Yoshi-des.）
撮影　高野大
イラスト　福々ちえ

編集協力　門馬聖子
編集　藤沢陽子（大和書房）

カバー印刷　歩プロセス
本文印刷　広済堂ネクスト
製本　ナショナル製本

ISBN978-4-479-78447-0
乱丁本・落丁本はお取り替えいたします
http://www.daiwashobo.co.jp